Roadmap to College

Navigating Your Way to College Admission Success

〔美〕卡伦·沃尔夫 著

张伟平 欧阳雅琴 译

美国大学入学申请路线图

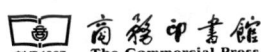

2017年·北京

CLIFFSNOTES ® ROADMAP TO COLLEGE:
Navigating Your Way to College Admission Success
by Karen Wolf
Copyright © 2009 by Houghton Mifflin Publishing Company
Published by arrangement with Houghton Mifflin Harcourt Publishing Company
through Bardon-Chinese Media Agency
Simplified Chinese translation copyright © 2017
by The Commercial Press, Ltd.
ALL RIGHTS RESERVED

谨以本书献给我的母亲汉娜·贾沃兹
和我已故的父亲埃里克·贾沃兹，
感谢他们给我的启示、爱护和支持。

致 谢

我谨在此感谢威利出版公司的员工对本书的指导,他们非常负责和敬业。特别要感谢资深编辑格雷格·图巴赫和项目编辑苏珊娜·施耐德。特别感谢我的代理人格蕾丝·弗里森给我这次难得的机会。

感谢以下几位大学招生官,他们多年来积累的经验和建议贯穿全书,他们是:

- 谢里尔·布朗(Cheryl Brown),纽约州立大学宾汉姆顿分校入学申请办公室主任
- 劳伦·A.凯(Lauren A. Kay),印第安纳大学布鲁明顿校区入学申请办公室主任助理
- 雷蒙德·卢茨奇(Raymond Lutzky),伦斯勒理工学院外联处主任,特洛伊,纽约州
- 南希·J.马利(Nancy J. Maly),格林内尔学院入学申请办公室主任,格林内尔,爱荷华州
- 保罗·马瑟斯(Paul Marthers),教育学博士,俄勒冈州波特兰里德学院招生办公室主任
- 琼·埃萨克·莫尔(Joan Issac Mohr),康涅狄格州哈姆登昆尼皮亚克大学副校长兼招生办公室主任
- 杰奎琳·尼伦(Jacquelyn Nealon),教育学博士,纽约州旧韦斯伯利纽约理工大学招生服务处副处长
- 罗恩·罗宾逊(Lorne Robinson),明尼苏达州圣保罗马卡拉斯特学院招生及经济资助办公室主任

- 小米切尔·L.汤普森（Mitchell L. Thompson Jr.），纽约州纽约市斯卡斯代尔中学教务处主任，库珀联盟学院招生与成绩办公室前副主任。
- 多米尼克·尤雅（Dominic Yoia），康涅狄格州奎尼匹克大学经济资助办公室资深总监

特别感谢拉菲·亚伯拉罕斯、迈克尔·海诺、本·凯耶和凯拉·瑞恩斯坦为本书贡献的精美文章；在此祝愿他们前程似锦。

另外我还要特别感谢琼·佩默特，感谢她一直以来作为一个榜样激励着我，给我庇护并传授给我智慧。我喜欢跟她以及我的其他两个同事和朋友共事，她们是阿莱特·米勒和苏珊·赞卢塔。感谢希伯来五镇高中的行政人员、员工和学生，这里已经成为我的第二个家。感谢美国大学招生咨询协会，这个专业的组织为我提供了很多大学申请过程中关于顾问、学生和家长方面的信息。

最后，我要感谢我的丈夫乔纳森，以及我的女儿玛丽莎和伊拉娜。感谢他们在整个写作过程中对我的关爱、耐心和理解，而我对他们付出的时间和关注都很少。特别感谢伊拉娜，她是我的研究助理，为我提供了宝贵的帮助。

目 录

关于作者 1
引言 3

1 自我评估 7
我的优势和不足有哪些？ 7
自我测试清单 8
我的家庭有什么样的价值观和期许？ 10
我应该在大学申请书上选好专业吗？ 11
现在我应该做什么？ 13

2 你如何被评判：大学入学申请官员看重什么 27
大学有怎样的招生哲学？ 28
大学如何审核申请？ 30
我的学术平均成绩和班级排名是多少？ 33
大学会如何审查你的成绩单？ 35
我应该上哪类课程？ 35
标准考试有多么重要？ 38
有没有考试可选的学校？ 38
SAT 和 ACT 有哪些区别？ 39

如何准备 SAT 及 ACT 考试? 42
我需要参加学科考试吗? 43
个人陈述有多么重要? 44
对你的课外活动是如何评判的? 45
大学如何看待暑期和其他经验? 46
推荐信有多重要? 50
面试是必需的吗? 52
如何为面试做出最好的准备? 53
科技在申请过程中扮演什么角色? 55

3 你该如何评判大学：学生应该追求什么 57
关于大学的信息应该从哪里来? 57
在评估大学过程中我应该考虑哪些因素? 62
我应该选几所备选学校? 73
我是否需要各类学校都申请? 75
有哪些不同的录取计划? 77

4 安排旅行：规划有价值的校园参观 85
你在参观期间有什么感受? 85
我应该什么时候参观? 86
我该如何安排参观? 87
对参观大学有哪些提醒/方法? 87
我应该问什么问题? 89
做笔记表格 92

5 如何写出成功的个人陈述 95
对个人陈述都会要求回答哪些问题? 96

那我如何着手写呢? ··· 100
如何让我的文章出类拔萃? ······································· 101
写个人陈述有什么注意事项? ····································· 102
如何回答简答题? ··· 104
个人陈述示例及点评 ··· 106
评估你自己的文章 ··· 113
文章清单 ··· 114

6 包装好自己：申请的基本要素 ···································· 115

大学申请都包含哪些要素? ······································· 115
如何回答选答题和文章? ··· 118
我该如何检查并发送成绩? ······································· 118
对发送成绩有什么要求? ··· 119
我还需要提交补充材料吗? ······································· 120
有什么加快申请的方法? ··· 122
如何设计自评表/简历? ·· 125
我的简历应该看起来什么样子? ··································· 126
我应该网申吗? ··· 130
什么是优先申请? ··· 134
什么是桥梁申请? ··· 134
我怎么才能知道学校是否收到了我的申请? ························· 135

7 经济资助101：如何支付大学学费 ·································· 137

常见的误解有哪些? ··· 137
成本包括哪些? ··· 140
有哪些经济资助可选? ··· 142
如何申请经济资助? ··· 146

经济资助包里包括什么？ ……………………………………………… 150
我如何才能申请到奖学金？ …………………………………………… 154
如何避免奖学金诈骗？ ………………………………………………… 155
申请经济资助有哪些提示和技巧？ …………………………………… 157
经济不景气的时候怎么办？ …………………………………………… 158

8 避免障碍和危险 ……………………………………………………… **159**
我怎么做到有前瞻性呢？ ……………………………………………… 159
怎样才能避免错误？ …………………………………………………… 164

9 着手晚了 ………………………………………………………………… **169**
从哪里着手？ …………………………………………………………… 169
已经错过一些截止日期怎么办呢？ …………………………………… 171
如何挽救高中的最后一年？ …………………………………………… 173
高中毕业前要"赶着"完成的清单 …………………………………… 173

10 接下来我需要做什么？ ……………………………………………… **175**
大学什么时候会通知我？ ……………………………………………… 175
大学怎么通知我？ ……………………………………………………… 175
可能出现哪些录取决定？ ……………………………………………… 176
好几所大学同时录取我，我怎么决定上哪所大学？ ………………… 178
通常回复大学的日期是什么时间？ …………………………………… 180
我是不是需要间隔年？如果需要，我该如何延迟接受录取？ ……… 182
如果我被候补录取了会怎样？ ………………………………………… 186
毕业成绩很重要吗？ …………………………………………………… 189
高四我有哪些责任？ …………………………………………………… 192

我该如何应对拒绝？ ·· **192**

我被录取了！后面怎么办？ ·· **193**

申请过程总结 ·· **194**

最后的建议 ·· **195**

附录 A　网站 ··· **197**

附录 B　国家奖学金 ·· **201**

附录 C　词汇表 ·· **207**

附录 D　减少大学开支的 34 种方法 ······························ **215**

附录 E　大学招生过程中学生的权利和责任 ···················· **219**

关于作者

凯伦·沃尔夫是五镇及洛克威希伯来高中的大学指导顾问，该学校是一所位于纽约州西达赫斯特的私立高中。凯伦·沃尔夫毕业于霍夫斯特拉大学，获得了教育学硕士学位，同时拥有伦斯勒理工学院的工业与组织心理学第二硕士学位，是一位经认证的学校顾问。她在纽约州立大学宾汉姆顿学院获得了心理学学士学位并辅修了管理学。在做大学指导顾问之前，凯伦曾担任过几个公共和私立机构的管理顾问，是一位培训与发展及组织发展专业人士。

引 言

> "恭喜你！我们很荣幸地通知你，你已被我校录取，请于2009年秋季学期开始我校新生课程的学习。你将为你的成就而自豪，同时我们也相信，你将为传承我校历届校友长期以来缔造的优秀传统做出贡献。"
>
> ——摘录自一所中西部公立大学的录取通知书

但愿，在大学录取过程的最后阶段，你会收到一封类似的信函，邀请你加入到大学生队伍中来。大学将是一个带给你成长的地方，包括学术上、心理上和社会技能上的成长。同时你也会有财务上的收获，因为大学学历对收入也有影响。根据美国人口普查局数据，高中毕业生终生收入会达到约120万美元，完成部分大学课程的学生终生收入会达到约150万美元，而大学毕业生的收入约为210万美元。当然大学教育的价值不仅仅在于收入，其价值是无法简单估量的。

大学录取过程有几个重要的趋势需要引起注意。首先申请大学的人群数量和类型在发生转变。美国大学招生咨询协会（NACAC）是一个由大学录取官员、咨询顾问及私人顾问组成的专业组织，根据这个组织的一篇报告，高中毕业生整体数量在经历了15年增长以后将会慢慢回落，但是部分地区高中毕业班级数量会有所增长，比如南部和西南部一些州。少数族裔人数增加，大学男女数量比例也会有不平衡发展趋势。据报道，大学学生的性别比例是女大学生占约六成，男大学生占约四成。在有的学校，女大学生和男大学生的比例甚至可以达到七比三。也有的大学男女比例人为地控制在一比一。而在一些工科类院所，男大学生比例会更高。所有这些趋势都会导致大学以往所用的吸引学生的招生策略的变化，因此也会影响到大学录取。

另外一个会给你和家人造成影响的趋势是不断上涨的大学教育费用。根据非营利性教育智囊团国民信托有限公司（National Trust）的统计，过去25年间大学教育的费用涨了150%—200%。另外大学费用的增加也跟真正能四年内完成大学学业的学生数量有关系。不幸的是，学生通常不会在四年内完成学业，许多大学发布的毕业生数据中显示的需要六年完成大学学业的学生数量就是很好的佐证，有的学生要花费四年以上的时间来完成大学学业，一部分原因是他们没有为大学的严格要求做好准备，没有对所要就读的大学有深入了解，也有很多学生在大学生涯中换了好几次专业。这些原因也影响到转学率，据估计约为20%。审慎地选择大学（见第十章）、做好自我评估（见第二章）以及选择有你感兴趣的专业的学校，对按时完成大学学习有积极作用。

除此之外，现在的大学申请面临的一个关键问题是疯狂的考试，这已经成为过去十年左右的时间内大学入学的一个主要衡量要素。咨询顾问界以及更大的群体均

大学入学指南

4. 申请流程　　3. 生成清单

5. 评估/做决定

6. 下一步/行动计划

2. 收集信息

你成功了！

1. 自我评估

对标准化测试［学术能力评估测试（SAT）和美国大学入学考试（ACT）］所受到的重视提出越来越多的异议。由于对考试的这一看法，"考试可选"的学校越来越成为趋势，也有很多评估考试的有用性和意义的尝试。但是目前，考试仍是大学录取过程中的关键一步。

鉴于以上我们讨论的所有因素，该如何选择"正确的大学"呢？是否应该选择你符合条件的要求最苛刻的学校？是应该花费大量金钱读大学呢，还是找一所教育水平较好的平价学校，然后找一所名牌学校读研究生呢？这些是相互排斥的吗？应该进你"梦想的学校"吗？在大学选择上是否有一种选择"唯一适合你的学校"的方法？这些都不是一句话能解答的哲学问题。我见过一些家长，他们都坚信自己的孩子应该上市或州立大学接受文科教育，然后进一所要求苛刻（通常学费也贵）的大学读研究生。也有的家长希望自己的孩子能就读有名望的本科学校，因为他们相信这样他们的孩子更有机会进顶尖研究生学校。

选择大学的过程对你来说可能很艰巨也很有压力。大部分学生在做这个人生中最重要的决定时只有十七八岁。而父母通常会加重这种压力，一方面有的家长对孩子过于逼迫，但也有的家长对深入了解大学没有足够的兴趣。另外还有来自同学的压力，很多学生觉得没有跟其他同学申请同一所大学给他们造成很大压力，即使是对他们来说最合适的学校，也不愿意独自去面对。在高中最后一两年里，该如何面对所有这些压力呢？通过跟父母、朋友和亲人开诚布公地交谈可以适当减少压力，另外还可以征求咨询顾问或其他人的意见。能在刚上高中就尽早认识咨询顾问也是聪明之举，哪怕仅仅是一年见几次面，简单拜访或打个招呼。提前规划、牢记截止日期以及谨慎研究都能减轻你的焦虑。请记住这个过程中最重要的一个人——你自己。

自我评估

我喜欢数字的模式和复杂性。

我喜欢画画，画各种人和物。

我喜欢写故事，分析文学作品。

我喜欢建造东西，喜欢过山车的物理学。

我喜欢帮助别人解决问题。

你会如何描述自己？你是有创造力的人，是善于解决问题的人，分析力强的人，规划者，激励者还是善于教导别人的人？未来 5 年、10 年、20 年你想象自己会成为什么样子？你的家人和朋友怎样看待你的性格？在考虑申请大学以前，有必要退后一步，先自我审查一番。

我的优势和不足有哪些？

你的什么课程表现突出？是数学、科学、艺术、音乐、社会科学还是人文类的？通过更好地了解自己以及自己的兴趣爱好，你就可以在什么样的大学更适合你的问题上做出更全面的决定。

有的高中会要求你在见咨询顾问之前做一份职业或兴趣问卷以进行自我评估，通常要求你在高三的时候跟咨询顾问讨论目标学校。这些问卷大部分会针对不同的职业类型测试评估你的性格类型和偏好（而不是你是否会成功）。这些评估大部分建立在心理学家卡尔·荣格（Carl Jung）以及凯瑟琳·布里格斯（Katharine Briggs）和伊莎贝尔·布里格斯·迈尔斯（Isabel Briggs Myers）这一母女组合——迈—布二氏类型指标（MBTI）开发者——理念的基础上。

有的州为学生提供包括自我评价工具、大学和职业搜索等免费服务，也有的会帮学生准备简历，例如，纽约和加利福尼亚州的网站上都有兴趣分析器的链接，这是一个20—30分钟的测试，并匹配相应的职位。联邦政府也提供很多资源，可以帮你寻找潜在的职业机会、获得薪金信息，并了解未来一段时间内比较热门的工作。这里推荐一个很有用的网站 www.online.onetcenter.org，该网站提供与劳动统计局关联的详细职业信息。还有一个网站 www.dwya.com，这个网站基于一本关于职业发展指导的畅销书《按照性格选择工作》(*Do What You Are*)（Little, Brown & Co., 2001），也是确定你人格类型很好的资源。

自我测试清单

有时学生做完兴趣测试后会说，"这个不准，测试说我会成为银行柜员或理发师"。这些工具完成的是评估你在与人交往、处理信息、做决策及组织自己的生活方面的偏好（而不是优势）。测试不能确保完全准确，但你可以借此了解一些关于自己的信息，很有用。以下清单可以用于评估你的优势以及需要提高的方面。了解自己是谁将有助于写好个人陈述，并且有利于形成一份目标大学清单。

在以下表格中，用√标出你赞同的内容。

自我评估：进行自我测试			
评估项	同意	不确定	不同意
个性			
我认为自己是外向的人（我喜欢跟人相处；我不讨厌跟很多人在一起；我是外向型的）。			
我认为自己是内向的人（我喜欢独处；我很安静，是内向型的）。			
我更喜欢使用自己的感官来处理信息；我注重细节；喜欢事实和数据。			

续表

评估项	同意	不确定	不同意
个性			
我喜欢通过本能处理信息；我关注整体；我是一个主意很多的人。			
我喜欢根据逻辑和理性思考做决定；公正公平对我很重要。			
我喜欢根据自己的感受做决定，并关注我的决定会对别人产生的影响。			
我喜欢提前做好计划；我很决断，且喜欢完成我发起的项目。			
我喜欢自发决定事情；我很灵活，不是经常会完成工作，但喜欢开创很多项目。			
学习情况			
我表现中等偏上。			
我表现中等。			
我表现中等偏下。			
我的成绩比较稳定。			
我挑战了荣誉课程、大学预修课程或国际预科课程。			
我在课堂上表现积极。			
我学习很努力，尽力提高成绩。			
课外活动			
我积极参与学校社团活动和学校外的活动。			
我参加社区服务。			
我做过全职或兼职工作。			
我有过带薪或不带薪实习经历。			
我有过很有挑战性的暑假经历。			
才华/能力			
我有特殊的才华（艺术、音乐、唱歌、写作）。			
我参与某一项体育项目。			
我喜欢竞技性体育项目。			

续表

评估项	同意	不确定	不同意
才华 / 能力			
我有学习障碍,需要帮助。			
我有很好的写作技能。			
我能很好地进行口头沟通。			
大学偏好			
我不喜欢住校。			
我喜欢住在大学宿舍。			
我希望大学离家在两个小时车程内。			
我希望大学离家在四个小时车程内。			
我希望大学离家超过四个小时车程。			
我不介意大学与家之间需坐飞机往返。			
我更喜欢城市环境。			
我更喜欢郊区的校园环境。			
我更喜欢乡村的校园环境。			
我想去只有同性学生的学校。			
我想去教区学校。			
我想去多元化的学校。			
我想去传统黑人大学。			
上大学的费用是我主要关注的问题。			
我想去一所小规模大学(2500 名学生以内)。			
我想去一所中等大学(8000 名学生以内)。			
我想去一所大型大学(2 万名学生以内)。			
我想去一所超大型大学(超过 2 万名学生)。			

我的家庭有什么样的价值观和期许?

你的父母和其他家庭成员的想法对你的大学选择会有深远的影响。有的父母更希望孩子能追随他们,上当年他们上过的大学,这个选择在大学录取术语中被称为

"传承录取"（legacy admission），对一些院校，传承录取在录取过程中会有优先，特别是父母对学校有大量捐赠的。而其他一些家长则希望孩子按照自己的既定轨道发展，能有他们没有过的机会。上过不住校大学的父母会希望自己的孩子作为在校大学生能享有"完整的大学经历"。

另外财务和家庭因素也会对你去哪里上大学有影响。事先考虑好财务、地理位置及家庭相关的问题（离婚、疾病）等也很重要，这样你就可以在了解大学的过程中更清楚自己的选择。我认识一些学生申请了自己梦寐以求的大学并且被录取了，后来获知他们上不了那所大学，因为他们的父母付不起学费，或者因为家庭原因他们需要去离家近的大学。所以在大学选择的早期阶段就开诚布公地讨论，摒弃掉一部分大学，可以避免沟通问题和令人失望情况的发生。综合考虑家人的期望和想法，是大学选择过程中的关键因素。

我应该在大学申请书上选好专业吗？

申请所有大学时都会要求你"选一个期望的专业"或表明一个"你希望专注的领域"。应该如何回答这个问题？答案因人而异。申请大学的学生中大约一半会回答他们"尚未确定专业"，因为他们对未来职业发展路径完全没有想法，也不具备哪方面的特别优势，比如科学。剩下一半的学生在高中就已经开始专注于某一特定

> **提醒**：我认识两个学生，他们申请了同一所大型公立大学。其中一个申请时专业一栏填的是"待定"，另一个填的是数学专业。他们的成绩和标准化考试的成绩差不多，但选择数学专业的那位学生被录取了，另一位未被录取。这个例子虽然有些极端，但也不是没有发生的可能。

领域，他们可能认识在某一特定领域工作的人（特别是父母、家庭成员或朋友），或者参加过或做过兼职或实习工作，能将自己的兴趣范围缩小到一个领域，如商业，甚至会具体到会计，或者可能做过职业评估，帮他们指出了他们感兴趣的工作类型。如果你属于已确定自己兴趣领域的一组，那在申请大学特定专业上就可

能会有优势。

你选择的专业可以是"非热门"专业，该专业的学生数量少，这样学校或可扩充该专业的学生数量。也有的学校有时候会开设新的课程项目，或者有新的教职员工加入，以扩充现有专业，如果这样的专业招收学生，你可以表达对此类领域的兴趣，这样在录取时也会有些许优势。

最好的建议是忠实于自己的想法，记住，即便你选择好了专业，通常情况下入学以后或过一段时间，你还是可以换专业。大部分大学最晚到大二第二个学期才要求你选定一个专业，当然可能会给你分配一个你指定专业的学业导师。我女儿进大学时选择的是人类学专业，从大一开始她一直跟着一个导师，因此跟导师建立了很深厚的关系，这对她绝对是个优势。

明确专业意向申请和未确定专业意向申请的差异
来自我们入学申请专家组的观点

"明确专业意向仅表示初步明确了兴趣方向，而未确定方向也完全不是问题。格林内尔期待你发现新的可能性。对我们不能提供的专业的兴趣会引出另一个问题，即学校的实际情况和申请人对学校的理解之间的潜在契合程度。"

——格林内尔学院入学申请办公室主任南希·J. 马利

"伦斯勒理工学院在我们的学术单元之间设置'矮墙'，对不同的专业也不会设置不同的申请标准。获得入学资格的所有人都获得平等入学资格，不涉及专业，并且可以轻松换专业。最后，如果还有学生不确定他们喜欢什么专业，他们可以选择'未确定'，由伦斯勒理工学院的顾问和学习帮助中心在他们入学后帮他们确定一个专业。"

——伦斯勒理工学院外联处主任雷蒙德·卢茨奇

> "有的申请宾汉姆顿的学生已经知道自己要学什么专业，我们鼓励这些学生申请相应的专业学院（例如工程、护理、商业），因为每个学院有不同的录取标准。但是，也有的学生在申请宾汉姆顿大学时并未确定专业方向，这也没什么问题，毕竟大学是尝试不同学科、职业发展路径、专业及个人兴趣的机会。"
>
> ——纽约州立大学宾汉姆顿分校入学申请办公室主任谢里尔·布朗
>
> "我们对每个学生都以同一个标准进行评判，不管什么专业。学校不会帮助或阻止学生选择某一个专业。如果学生不确定应该选什么专业，可以在申请时选择我们提供的'待定'选项。待定的学生可以在各种各样的课程中选择一些先进行试水，可以到大二学期结束的时候才确定专业。那些确定了专业的学生可以在申请时直接说明，然后就可以直接进入所选项目的大一新生阶段课程的学习。我们学校有七个不同的学院接受刚入校的新生，直接入学就读所选专业是有竞争的，只有十分之一新生可以直接被录取进他们想要就读的专业。剩下的学生将进入印第安纳大学普通录取流程，并且需要在大一结束并符合必要要求的情况下申请学院。（但是）申请雅各布音乐学院需要在申请学校时即表明希望学习音乐，直接进入雅各布音乐学院学习需要两步流程，需要向音乐学院提出二次申请，并且需要对申请学生进行审查或面试。"
>
> ——印第安纳大学入学申请办公室主任助理劳伦·凯

现在我应该做什么？

这个阶段，你应该已经能回答关于你的个性、学术背景、课外活动、能力及才能、想去什么类型的大学等方面的问题。大学筛选是一个耗时的过程，你可能会觉得各种截止日期以及所有要完成的大小任务太过烦琐。接下来几页是一个计划建议，可以帮助你在各个截止日期前提前做好准备。

每月计划				
月份	九年级	十年级	十一年级	十二年级
9月	上一些有挑战的课	上一些有挑战的课	上一些有挑战的课	满负荷上课
	认真对待每堂课	认真对待每堂课	认真对待每堂课	认真对待每堂课
	参加学校的俱乐部招募会，了解各种俱乐部和组织	参加学校的俱乐部招募会，了解各种俱乐部和组织	参加学校的俱乐部招募会，了解各种俱乐部和组织	见见你的学习顾问，完成你的大学清单
	加入俱乐部，开始参加活动	加入俱乐部，开始参加活动	加入俱乐部，开始参加活动	继续参加活动
	读书！	读书！	承担领导性职位	准备9月份的SAT/ACT考试
	记住，每个年级都很重要	记住，每个年级都很重要	记住，每个年级都很重要	把SAT/ACT成绩发给要申请的大学
	为考试提前做好准备	为考试提前做好准备	为考试提前做好准备	再复核一下成绩单
	设定小的目标	设定小的目标	设定小的目标	提交随到随申入学申请（见第三章），提前占位
	尝试增加课堂参与	尝试增加课堂参与	尝试增加课堂参与	参观大学校园
	在课间复习课堂笔记	在课间复习课堂笔记	在课间复习课堂笔记	检查Facebook和其他在线个人资料，删除不妥内容

笔记：_____
_____
_____
_____
_____
_____
_____
_____

月份	每月计划，续上页			
	九年级	十年级	十一年级	十二年级
10月	必要时接受指导并获得额外帮助	必要时接受指导并获得额外帮助	必要时接受指导并获得额外帮助	检查老师的推荐信
	开始思考未来职业	如果学校有PSAT考试，参加考试	如果学校有PSAT考试，参加考试	开设一个可以放在大学申请表上的中性的邮箱账户（第六章会讨论）
	合理管理时间	合理管理时间	合理管理时间	提交随到随申入学申请
	使用日程安排本	使用日程安排本	使用日程安排本	如有必要，再次参加SAT/ACT考试，并提交成绩
	读书！	如果学校有PLAN（ACT准备）考试，参加考试	读书！	参观大学校园
	每个年级都很重要	读书！	每个年级都很重要	如果可以，与参观你就读高中的大学申请负责人见面
	设定小的目标	开始思考未来职业	开始思考未来职业	避免高四倦怠症，在学校保持积极向上

笔记：

每月计划，续上页				
月份	九年级	十年级	十一年级	十二年级
11月	拜访指导顾问	拜访指导顾问	拜访指导顾问	及早做决定，及早开始关注申请最终期限
	复查成绩单/评估自己的表现	复查成绩单/评估自己的表现	复查成绩单/评估自己的表现	如有必要，再次参加SAT/ACT考试，并提交成绩
	如果对现有成绩不满意，采取必要的步骤：跟老师谈谈，减少上网时间	如果对现有成绩不满意，采取必要的步骤：跟老师谈谈，减少上网时间	如果对现有成绩不满意，采取必要的步骤：跟老师谈谈，减少上网时间	培养特定的才能（艺术、音乐、戏剧和写作）
	读书！	读书！	考察大学	继续参观大学
	增加课堂参与	增加课堂参与	读书！	开始常规录取申请
	如果需要帮助，别害怕提出来	如果需要帮助，别害怕提出来	如果需要帮助，别害怕提出来	如果需要帮助，别害怕提出来

笔记：

	每月计划，续上页			
月份	九年级	十年级	十一年级	十二年级
12月	跟父母讨论一下大学	接到并检查PSAT/PLAN成绩	接到并检查PSAT成绩	继续进行常规录取申请；制订计划或填写表格来管理申请
	假期继续阅读	跟父母聊一下大学及财务方面的问题	开始准备SAT/ACT考试	如有必要，再次参加SAT/ACT考试
	读书！	读书！	读书！	一些提前行动和提前录取第二批次申请已经开始；提前录取第一批次结果公布
	使用fafsa4caster.ed.gov网站的FAFSA4CASTER预估大学能提供的经济资助	使用fafsa4caster.ed.gov网站的FAFSA4CASTER预估大学能提供的经济资助	使用fafsa4caster.ed.gov网站的FAFSA4CASTER预估大学能提供的经济资助	提醒老师帮你写推荐信
	检查学校网站上（如有）老师主页，以便随时了解作业、考试和笔记情况	检查学校网站上（如有）老师主页，以便随时了解作业、考试和笔记情况	检查学校网站上（如有）老师主页，以便随时了解作业、考试和笔记情况	如有必要，再次参加SAT/ACT考试，并提交成绩
	如果对现有成绩不满意，采取必要的步骤：跟老师谈谈，减少上网时间	如果对现有成绩不满意，采取必要的步骤：跟老师谈谈，减少上网时间	如果对现有成绩不满意，采取必要的步骤：跟老师谈谈，减少上网时间	跟指导顾问确认你的申请文件已寄送
	尝试跟一两位老师建立更私人层面的联系	尝试跟一两位老师建立更私人层面的联系	尝试跟一两位老师建立更私人层面的联系	到大学网站检查你的在线申请状态

笔记：_____

_____

_____

每月计划，续上页				
月份	九年级	十年级	十一年级	十二年级
1月	选择下一年的课程	选择下一年的课程	选择下一年的课程	提前行动的录取结果公布
	复查成绩单/评估自己的表现	复查成绩单/评估自己的表现	复查成绩单/评估自己的表现	大部分常规录取申请已经截止
	如果对现有成绩不满意，采取必要的步骤：跟老师谈谈，减少上网时间	如果对现有成绩不满意，采取必要的步骤：跟老师谈谈，减少上网时间	报名参加SAT/ACT考试	继续申请，保证信息完整
	读书！	读书！	准备SAT/ACT考试	完成FAFSA和其他经济资助申请
	开始考虑暑假计划	开始考虑暑假计划	开始考虑暑假计划	研究并完成奖学金申请
	准备期中考试	准备期中考试	约你的指导顾问见面，初步讨论一下大学	如果需要帮助，别害怕提出来

笔记：

每月计划，续上页				
月份	九年级	十年级	十一年级	十二年级
2月	必要时接受指导并获得额外帮助	必要时接受指导并获得额外帮助	必要时接受指导并获得额外帮助	必要时接受指导并获得额外帮助
	合理安排时间	合理安排时间	合理安排时间	继续保持良好的课堂表现
	继续参加学校和课外活动	继续参加学校和课外活动	继续参加学校和课外活动	继续申请，保证信息完整，向常规录取学校更新关于新参加的活动的信息
	读书！	读书！	准备 SAT/ACT 考试	完成 FAFSA 和其他经济资助申请
	开始考虑暑假计划	什么时候开始了解大学都不算早	报名春季 SAT/ACT 考试	提早行动的录取结果公布
	记住，每个年级都很重要	记住，每个年级都很重要	开始参加大学巡展	完成特长档案

笔记：
_____
_____
_____
_____
_____
_____
_____
_____
_____
_____
_____
_____

月份	每月计划，续上页			
	九年级	十年级	十一年级	十二年级
3月	拜访指导顾问	拜访指导顾问	准备SAT/ACT考试	常规录取结果公布
	读书！	读书！	报名春季SAT/ACT考试	避免高年级综合征
	提前准备考试	提前准备考试	参观大学校园	重新参观大学
	每天复习，而不是考试临时抱佛脚	每天复习，而不是考试临时抱佛脚	了解大学网站和其他相关网站	该是做决定的时候了，确定哪所大学最适合你
	参与社区服务或在感兴趣的领域做志愿者（当地宠物/动物收容所、养老院、课外项目）	参与社区服务或在感兴趣的领域做志愿者（当地宠物/动物收容所、养老院、课外项目）	参与社区服务或在感兴趣的领域做志愿者（当地宠物/动物收容所、养老院、课外项目）	了解当地机构可以提供的奖学金，向指导顾问征询意见
	提高词汇和阅读理解水平	提高词汇和阅读理解水平	提高词汇和阅读理解水平	想想有价值的暑假活动
	尝试跟一两位老师建立更私人层面的联系	尝试跟一两位老师建立更私人层面的联系	尝试跟一两位老师建立更私人层面的联系	到大学网站检查你的在线申请状态
	完成作业——保持积极向上	完成作业——保持积极向上	完成作业——保持积极向上	完成作业——保持积极向上

笔记：_____

_____

_____

_____

_____

_____

_____

_____

月份	九年级	十年级	十一年级	十二年级
		每月计划，续上页		
4月	查看自己的成绩卡，评估自己有没有进步	查看自己的成绩卡，评估自己有没有进步	查看自己的成绩卡，评估自己有没有进步	常规录取结果公布
	如果成绩不理想就采取必要的措施	如果成绩不理想就采取必要的措施	如果成绩不理想就采取必要的措施	继续保持良好的课堂表现
	开始考虑暑假计划	开始考虑暑假计划	至少找两位老师写推荐信	重新参观你的名单上的学校，以帮助你最终做出决定
	读书！	读书！	准备 SAT/ACT 考试	给老师和顾问们写感谢信
	什么时候开始了解大学都不嫌早	什么时候开始了解大学都不嫌早	报名春季的 SAT/ACT 考试	避免高年级综合征，高年级仍然很关键
	重新读一下课堂笔记	重新读一下课堂笔记	参加大学宣讲会和巡展	跟父母聊一下你的最终决定

笔记：

月份	九年级	十年级	十一年级	十二年级
		每月计划，续上页		
5月	读书！	继续参加大学预修考试，如果你上了大学预修课程的话	继续参加大学预修考试，如果你上了大学预修课程的话	继续参加大学预修考试，如果你上了大学预修课程的话
	继续参加课外活动	继续参加课外活动	参加SAT/ACT考试	5月1日——通用回复日期
	减少玩电脑和看电视的时间	减少玩电脑和看电视的时间	参观大学校园	向要上的大学交一份保证金
	设定小目标；不要感觉有压力	设定小目标；不要感觉有压力	参加大学宣讲会和巡展	通知你不想去的大学
	减少考试焦虑：做好准备，参加模考，使用放松技巧	减少考试焦虑：做好准备，参加模考，使用放松技巧	减少考试焦虑：做好准备，参加模考，使用放松技巧	减少考试焦虑：做好准备，参加模考，使用放松技巧
	智慧地安排时间	每天安排15分钟阅读	每天安排15分钟阅读	填写住宿表格和相关文件
	跟家人和朋友聊聊你向往的职业	跟家人和朋友聊聊你向往的职业	跟家人和朋友聊聊你向往的职业	跟家人和朋友聊聊你向往的职业

笔记：

自我评估

	每月计划，续上页			
月份	*九年级*	*十年级*	*十一年级*	*十二年级*
6月	为期末考试做好准备	为期末考试做好准备	为期末考试做好准备	为期末考试做好准备
	完善暑假计划	完善暑假计划	查看自己的成绩单	还在考虑你的学校会发出候补录取决定
	查看你的期末考试卡，评估自己的表现	查看你的期末考试卡，评估自己的表现	查看你的期末考试卡，评估自己的表现	查看你的期末考试卡，评估自己的表现
	记下自己全年参加的活动，为简历做准备	记下自己全年参加的活动，为简历做准备	记下自己全年参加的活动，为简历做准备	跟朋友和老师们说再见
	设定小目标；不要感觉有压力	设定小目标；不要感觉有压力	参加学生生涯最后一次SAT/ACT考试	终于到了毕业这一天了！

笔记：

每月计划，续上页				
月份	九年级	十年级	十一年级	十二年级
7月	继续读书！	继续读书！	继续读书！在暑假期间做点有挑战性的事	继续读书！
	跟父母聊一下大学	现在开始参观大学也不早了	参观大学	参加新生会
	开始暑假活动	开始暑假活动	开始准备大学个人陈述和简历	注册秋季课程
	跟随或花一天时间跟从事你感兴趣的职业的人学习	跟随或花一天时间跟从事你感兴趣的职业的人学习	跟随或花一天时间跟从事你感兴趣的职业的人学习	参加社区大学的暑假课程，为大学做准备
	如果老师安排了暑假阅读任务，不要拖延	如果老师安排了暑假阅读任务，不要拖延	如果老师安排了暑假阅读任务，不要拖延	列一下大学需要的物品清单
	如果安排旅行，写好照片旅行记录，为以后的大学个人陈述准备素材	如果安排旅行，写好照片旅行记录，为以后的大学个人陈述准备素材	如果安排旅行，写好照片旅行记录，为以后的大学个人陈述准备素材	充分享受上大学前的最后一个暑假！

笔记：
_____
_____
_____
_____
_____
_____
_____
_____

| 每月计划,续上页				
月份	*九年级*	*十年级*	*十一年级*	*十二年级*
8月	继续读书!	继续读书!	继续读书!	参加新生会,注册秋季课程
	开始准备高中的下一学年	开始准备高中的下一学年	做好准备!下载或查看申请,并着手处理	大学课程终于开始了!
	为大学存钱,不管是照看孩子还是兼职工作等	为大学存钱,不管是照看孩子还是兼职工作等	为大学存钱,不管是照看孩子还是兼职工作等	为大学存钱,不管是照看孩子还是兼职工作等
	做一个有意义的组织的志愿者	做一个有意义的组织的志愿者	做一个有意义的组织的志愿者	做一个有意义的组织的志愿者
	购买上学所需物品	购买上学所需物品	购买上学所需物品	购买上大学所需物品
	做好准备,设定好这一学年你想达到的目标	做好准备,设定好这一学年你想达到的目标	做好准备,设定好这一学年你想达到的目标	做好准备,设定好这一学年你想达到的目标

笔记:

你如何被评判：
大学入学申请官员看重什么

> "我看重申请人的课程完成质量。换句话说，申请人是不是上了学校最有竞争性的课程？以及课程完成得是否成功？申请人能否为大学学术和社交方面做出积极贡献？我们能从这位申请人身上学到什么？"
>
> ——斯卡斯代尔中学教导主任，库伯联盟学院招生与成绩办公室前副主任，纽约州立大学奥尼昂塔分校招生办公室前主任小米切尔·L.汤普森

不同的大学对申请人的素质有不同的期待。公立大学可能更注重客观性的素质，包括成绩、学习的课程以及标准化考试成绩。私立大学可能在看客观素质的同时也会看一些主观素质，包括论文、课外活动、家庭传承（你父母一方是不是曾上过这所大学）、老师和顾问的推荐信，以及其他一些因素。一些竞争较激烈的公立大学也会看主观性素质，这种同时考察客观和主观素质的方法被称为"全观法"，此方法在审查申请是否合格时会考虑很多因素。要求更严格的大学，不管公立还是私立，比要求不那么严格的学校在招生时会参考更多的因素。

总体来说，大学希望招的是能在大学取得成功的学生，它们用什么标准来评判你会取得多大的成功呢？学习成绩，或者叫平均绩点（GPA）是评价大学表现最重要的指标。根据全国大学招生咨询协会《2008年大学招生现状报告》，大部分学校用到的四个评价指标是：

- 你的大学预科班成绩
- 学习课程（都上了哪些课）
- SAT/ACT 成绩
- 最终学习平均成绩

其次会考虑到的因素是个人陈述、论文、班级排名（如有）、推荐信、课外活动、你所表现出的对学校的兴趣、主观考试成绩（如需要）、面试（如需要）。表现出的兴趣是衡量你对这所大学有多大兴趣，通常包括你是否已经在该大学的邮件清单里，是否要求过获得大学宣传册或其他材料，是否正式参观过校园，是否参加过参观开放日或大学宣讲会，是否跟学校招生官通过信。

大学有怎样的招生哲学？

不同的大学在如何开设新生课程方面各有不同的理念，有的甚至每年都会有变化。比如，这所大学需要一个足球运动员或双簧管吹奏者来凑齐其球队或乐队，而碰巧你又会那项运动或那种乐器，那你就可能在竞争中有更大优势。

许多大学将其招生流程的理念张贴到学校网站上。如果你对某所大学感兴趣，就应该尝试了解其招生理念是什么，看看你是否符合学校要求。例如，纽约大学在大学网站上声明其要形成一个"地域、社交、种族及经济背景多样化"的课堂，并进一步解释学校希望申请人具备什么样的素质，包括积极性、领导技能及热情。他们会参考各种各样的指标，从一大堆申请人中选择建立一个"学术上有建树的"且多样化的新生班级。

> **纽约大学招生理念**
>
> 一个数量众多且高素质的申请人库有助于我们招收到一个学业优秀又具有丰富多样性的新生班级。考虑到每个申请人都会为这个班级贡献自己的成就和潜力，我们会仔细对待整个申请过程。
>
> ——摘自纽约大学网站

莱斯大学对其想招收什么样的学生有清楚的理念。他们说其在使用标准化考试成绩方面"比较谨慎",他们采用更加"宽广的视角",以期实现"丰富莱斯大学学习环境"的目的。

针对申请人身上最重要的品质是什么,我们的招生专家小组是这样解释的。

格林内尔学院招生办公室主任南希·J.马利强调以下方面:

> **莱斯大学的使命陈述**
>
> 我们寻求的是一个具有广泛多样性的学生群体,并希望通过教育的多元化来增加莱斯大学教育、学术、公共生活方面的活力。我们致力于打造一个强调创造性、学生间跨文化交流的居住社区,一个各种偏见都被直面且消除的地方。
>
> ——摘自莱斯大学网站

- 对大学有充分的学业上的准备
- 对格林内尔大学感兴趣且有认知
- 有对大学做出积极贡献的潜质
- 学业及个人方面展现出的与学校相匹配的兴趣、活动

伦斯勒理工学院外联处主任雷蒙德·卢茨奇看重的是:

- 高中学业表现突出,尤其是数学和科学方面
- 课余兴趣及活动全面,包括体育活动、教堂活动、志愿活动、学生或其他市民活动
- 创业精神:"许多学生甚至在进伦斯勒理工学院之前就开办了自己的公司,像97届的凯西克·巴拉(Karthik Bala),他创办了'替代愿景'(Vicarious Vision),就是生产'吉他英雄'(Guitar Hero,游戏名)那个公司。尽管很多高中并不教授如何创业,我们乐于看到学生在商业、产品设计或经营自己小生意方面的兴趣。"
- 对学生群体背景及多样性的贡献:"伦斯勒理工学院接纳各行业、各社会经

济环境、文化、宗教及种族背景的学生。有独特背景的学生（从爱荷华州的农场到印度尼西亚的城市）会进一步丰富伦斯勒理工学院的整体环境。"

印第安纳大学入学申请办公室主任助理劳伦·凯：

- "最重要的因素是成绩和成绩趋势、学生的学业特长和考试成绩。"

纽约州立大学宾汉姆顿分校入学申请办公室主任谢里尔·布朗：

- "宾汉姆顿在审核申请方面提倡用全观法。这意味着你不仅仅是一个数字和测试成绩。我们考虑课外活动、兴趣和其他因素。但并不是说成绩和学业表现不重要——它们很重要！宾汉姆顿大学是一所顶级公立大学，我们学生的学业表现很好地体现了这一点。我们录取学习成绩优秀且表现全面的学生，从宾汉姆顿毕业的学生将会做好职业成功且个人成功的准备。"

大学如何审核申请？

大学审核入学申请时采用各种各样的方法，有的城市或州立大学会设置最低平均绩点和标准化考试成绩，有的情况下会由计算机来决定你是否满足学校的最低要求。更加精挑细选的学校会采用多步骤的录取程序。比如密歇根大学会将其申请审核和新生考核表张贴在学校网站上。密歇根大学和其他很多大学都会对每个申请人进行两轮完整的申请。首先由一个初级审核人对你的文件进行首轮审核，决定是接受或拒绝你的申请；之后由第二个审核人对你的申请状态做出独立的评估。然后文件会交给副主任，他选择同意第一个申请人或第二个申请人的意见，或者也可以将申请文件提交委员会来做最终决定。

许多大学采用两级审核程序。有的大学对特定区域有不同的顾问，其他的仅设置一般审核人。录取或未录取意见明确的申请人不必再提交委员会审核。在委员会会议上，顾问们会详细讨论申请人的优势，会考虑成绩、标准测试成绩、学术项目、高中学校声誉、课外活动、论文、老师及顾问的推荐，以及其他招生标准。

密歇根大学的评分系统锁定以下几个目标范围，可以看一下有的学校在评估申请人时会考虑多么复杂的因素。

密歇根大学评分体系	
高中学业表现	重新计算的平均绩点
	高中课程质量
	测试成绩
	学术兴趣
	班级排名
	其他
教育环境	课程优势（提供的荣誉课程、大学预修课程、国际预科课程）
	平均 SAT/ACT 成绩
	四年大学升学率
	评分体系
	学术上没有优势的学校
顾问和老师的推荐	性格
	市民和文化意识
	对崇高理念的履行
	思维独立性、对学习的热情、冒险精神
	创造性、艺术才能
	对他人的关心
	主动性、决心、努力
	领导才能、成熟度、责任感
个人背景	文化意识、经验
	社会经济背景、教育背景（包括第一代上大学）
	地域考虑（包括被忽略的区域）
	奖励、荣誉
	课外活动，服务和领导能力
	参加个人提升及能力拓展活动
	校友关系
	有奖学金的运动员
	工作经验
	其他（参军经历，其他服务）

续表

密歇根大学评分体系	
评价方法	对学生感兴趣的学术领域的深入程度
	学术热情的证据
	对世界事务的掌握程度
	求知欲
	艺术才能
	写作质量
情有可原的情况	克服不利或不寻常的困难
	在家里讲的语言
	频繁搬家,上过很多学校
其他考虑	对大学的兴趣、匹配度高
	个人陈述写得好

我们学校的招生专家小组如何审核申请

招生顾问及主任们跟我们分享他们如何审核申请:

"我们审核每个申请人的学业能力及对校园综合环境的贡献。首先会根据学生居住区域对申请人进行初次判断,然后委员会会对每个申请人进行全面考察。"

——纽约州立大学宾汉姆顿分校入学申请办公室主任谢里尔·布朗

"艺术学院和建筑学院的教职员会做出创意性决定。招生办公室对申请人的优势有一定的决定权。工程学院的招生由招生办公室决定。通常,申请人所申请的学院也参与申请决定的形成。在一个学院被评为A等不一定是另一个学院眼中的A等。性别、种族、民族、地域、课外活动等对录取决定的做出也起到重要作用。"

——库珀联盟学院招生与成绩办公室前副主任,
斯卡斯代尔中学教务处主任米切尔·汤普森

"他们会对每个申请人进行单独审核,然后我们根据学生的优点做出决定,不

> 考虑其专业、地理区域或就读高中。如果某所高中所有的学生都符合录取标准，我们就会全部录取，不会限制从每所学校招生的数量。"
>
> ——印第安纳大学入学申请办公室主任助理劳伦·凯
>
> "我们的审核会看学生在中学阶段的学习准备及取得的成绩、标准化测试成绩以及其他一些能证明学生将会取得成功并收获快乐的证据（才能、兴趣、课外活动或课程辅助活动）。审核人会根据不同区域的申请人安排录取行程。以便录取过程中增加对申请人的学校及课程的直观了解。
>
> 继第一轮审核之后，第二轮审核由不了解本区域的人来执行。如果两轮审核人对申请人的评估一致，审核就结束了。如果两轮审核评估结果不一致，会继续由录取委员会进行第三轮审核。最后一轮审核确定最终班级。如果一所学校有若干名申请人，这些申请人会被放在一起进行评估，保证申请人不会被过高或过低评价。"
>
> ——格林内尔学院入学申请办公室主任南希·J. 马利
>
> "伦斯勒理工学院的委员对申请人进行电子审核，除了人口资料，我们也会辨别某所高中的其他学生是不是也申请了。"
>
> ——伦斯勒理工学院外联处主任雷蒙德·卢茨奇

我的学术平均成绩和班级排名是多少？

通过以上你已经了解，你的平均学术成绩或平均绩点是大学审核你提交的申请时参考的最重要的指标之一。尽管不同高中会采用不同的形式，你就读的高中会在九、十、十一年级分别给你寄来成绩单。大学对申请人进行审核，并根据三年的学业课程情况做出录取决定。有的高中采用两学期制，有的采用三学期制，也有的采用板块式课程表（Block Schedule）。板块式课程表是一种学术时间调度方法，一门课程并不是每天都上课，每堂课之间间隔的时间更长，这种方法通过减少每天上课的数量，增加每门课的课堂时间，帮助学生把精力集中在较少的科目上。

有的高中采用加权平均学分绩点，也有的采用未加权平均绩点。使用加权平均绩点的学校开设的更有挑战性的课程分数权重更高，像荣誉课程、大学预修课程（AP）、大学水平课程或国际预科课程（IB）这样的课程，因此学生分数可能超过100或GPA 4.0分，有的学生毕业分数可以达到100分制的120分或更高或4.0平均学分制的5.0。在采用未加权平均绩点的学校，所有课程的计分都是平等的，学生毕业分数不会高于100分制的100分或4.0平均学分制的4.0。也有的学校会同时发出加权分数和未加权分数。由于计算平均绩点这些不同的方法，有的大学会去除加权分数的加权算法，有的会重新计算学生的平均绩点，保证所有申请人都在同一基础上进行比较，且不同的高中之间也能进行对比。

你可能会想大学是如何知道每所高中的评分方法的，正如你所料想，有时候这个过程很令人困惑。通常高中学校会发出一份"高中简介"，其中会解释你所就读的高中采取什么评分办法，以及其他一些关于你毕业班级的信息，包括标准化测试成绩、你所在班级有多少学生、多少学生读四年制大学、你所在学校会不会给学生排名，以及你们学校提供什么样的课程。

然后是班级排名的问题。现在越来越多的高中学校已经不对学生进行排名，你需要跟就读学校再核对你们学校的政策。尽管班级排名在理论上听起来不错，但实际上对学生是不利的。例如，在一个小型的只有50人的毕业班，前10%的学生（学校表现最优秀的学生）实际上只有5个人，如果你在班级排名第十，你的平均表现也是很高的。如果你在一个有500名学生的毕业班排名200，你仍然可能是分数在90分以上的学生，可能看起来你表现不是那么优秀，而实际上你的分数还是不错的。班级排名有时候对学生不利，所以有的高中现在已经不对学生进行排名。因为班级排名的误导性，有的高中用百分位值（前10%，前20%，依此类推）代替排名，以此让大学来了解你在就读毕业班的位置。也有其他一些高中不采用任何班级排名或百分位值。大学通常会要求班级的最高平均成绩，这样它们可以通过比较了解你所处位置。各高中学校的班级排名策略自有其考虑，但你对其策略应该有所了解。

大学会如何审查你的成绩单？

大学招生顾问们会仔细审查你的高中成绩单。高中成绩是你九年级、十年级和十一年级学业成绩的记录。大学顾问会检查你的整体平均绩点以及你的大学预科班成绩。成绩单的形式和内容各异，从全国的高中学校来看，有的学校的成绩单上会记录你参加州考试的成绩，例如纽约州的高中会考（Regents exams）。

> 提醒：在每学期结束前，尤其是在高四把成绩发给大学开始申请之前，应检查自己的成绩单，看看是否有成绩不准确、缺失或错误。

在审查学业成绩的时候，招生顾问们会看你的成绩趋势以及学习完成优秀程度。你的成绩是否每年能保持稳定？是呈现提高还是下降趋势？提高的趋势可能显示你的学习热情提高了，你也变得成熟了，大学希望看到的是这样的趋势。下降的趋势（特别是高四出现下降趋势）可能不是好的信号。如果你的成绩中有不稳定的情况或下降趋势，你需要另外写一篇短文，做出解释，或者在申请表的附加信息部分做出说明。有一些原因可以作为你成绩不稳定的合理解释，比如生病、离婚或其他个人原因。如果这是合理的解释（而不是因为懒惰），指导顾问会在其推荐信中说明你的情况是情有可原的。大学会选择同情或不同情你的遭遇，但至少它们知道了你在高中学业过程中经历了什么。客观审视一下你的成绩单，判断你自己是否表现一致，是否表现出积极或消极的趋势，你就会了解大学对你的成绩单有同样的看法。

我应该上哪类课程？

除了评判成绩，招生顾问们还会看你在高中上过哪类课程。大学希望学生们多上一些对自己有挑战的课，而不是一般的"无价值"的课程。大部分大学会推荐你上三年社会学或历史课、三年数学课、三年科学课、至

> 提醒：尝试有挑战性的课程。如果你就读的学校不能提供你想要学习的课程，可以尝试当地社区大学的暑期或晚上的课程。挑战学校不能提供而自己想要学习的领域，将会让你成为更好的候选人。

少两年外语课，以及你所在州或高中要求的选修课。更挑剔的大学会要求你上四年英语课、四年社会学课、四年科学课、四年数学课、三年外语课，以及选修课程。

如果你就读的高中提供荣誉课程、大学预修课程、大学水平课程（当地大学开设的课程）或国际预科课程，并且你相信自己能胜任，就应该积极尝试这样的课程（有的高中可能需要老师或校长的推荐）。当然如果你所就读的高中不提供加强型课程，不学习这样的课程也不是你的问题。

学生们最常问指导顾问的一个问题是，"我是不是应该上荣誉课程或加强型课程，比如大学预修课程、大学级别课程或国际预科课程？"答案是有保留的"应该"。如果你被推荐上某门课程，或者上的是开放性课程（谁都可以上的课）并且你相信自己会成功完成课程学习（获得85分以上的成绩），那你就应该去上这些有挑战性的课程。而如果你只是随便上一门加强型的课程，或者认为大学招生人员会因为你的一个勉强通过或70多分的成绩而对你留下深刻印象，那你就错了。

另外一个经常会被问到的问题是，"在加强型课程中拿B（80分以上）更有用还是在常规课程中拿A（90分以上）更有用？"答案是大部分学校会希望你上一些更有挑战性的课并取得好成绩。更加挑剔的学校会说它们希望学生的所有加强型课程都能拿到A或90多分。如果你上的高中对你的课程没有限制，可以选择任何适合你的课程，那你应该充分发挥自己的长处。如果你在数学或科学方面擅长，英语和历史处于平均水平或低于平均水平，那你应该将更多注意力放在你擅长领域的高级课程上。对擅长英语和社会学的学生则适用相反的做法。如果你是一个对各科都擅长的学生，那你应该尝试尽可能多的领域的挑战性课程。

记住，如果你就读的高中不提供高级课程，你也不会有什么损失。然而你如果有机会参加当地社区大学的暑期课程或晚上的课程，你就会得到更积极的评价。

接受挑战性课程：招生顾问们的建议

"伦斯勒理工学院十分鼓励参加加强型课程、大学预科课程及国际预科课程考试。学生应该在上这些课之前跟大学了解一下是否要上，毕竟学生之间不存在'大学预修课程军备竞赛'。伦斯勒理工学院在录取学生时考虑的一个关键因素是学生能否在一个竞争环境中健康成长。如果学生只是希望拿到非荣誉类课程的A，在录取阶段他们可能会得到消极评价。许多成绩A的学生来到伦斯勒理工学院以后开始拿B或C，这种情况并不少见。我认为，正确的方法是达到所擅长学业课程和加强型课程平均分之间的平衡。仅仅让学生通过一些简单的课程拿到高的学分，会让学生在面临更困难的大学课程时惨遭失败。"

——伦斯勒理工学院外联处主任雷蒙德·卢茨奇

"竞争性强的学院希望看到申请人积极应对挑战的证据。如果开设加强型课程、大学预科课程及国际预科课程，当然希望学生能积极参与。学生应该积极参与与他们的最高程度学业能力相匹配的或略高于其能力的课程。没有挑战性的课程即使得到再高的分数也不会给人留下深刻印象。我们看的是整体的学业情况。"

——格林内尔学院入学申请办公室主任南希·J.马利

"印第安纳大学鼓励学生接受荣誉课程和大学预科课程，但我们并不希望看到学生因为这些高等课程而受到折磨。对上荣誉课程和大学预科课程的学生，我们希望他们在这些课程中能取得中等以上的成绩。"

——印第安纳大学布鲁明顿校区入学申请办公室主任助理劳伦·凯

"宾汉姆顿希望录取上过加强型课程的学生，所以你应该在课程选择上更多地挑战自己。加强型课程会为转入大学学习提供良好基础。我们看重的是课程选择、课程水平及课程成绩，而不单单是成绩。加强型课程展现的是接受学术挑战的勇气，不仅仅是为了成绩。因此，最理想的情形是选择了高级课程并取得了优异成绩。"

——纽约州立大学宾汉姆顿分校入学申请办公室主任谢里尔·布朗

> "如果开设了加强型和大学预科课程,学生就应该接受挑战,积极参与。大学可以根据在一定时间内有多少学生拿到4分或5分来判断一个特定课程的价值。相对于普通课程的A,我更看重荣誉课程的A。现实是这样的:如果学生申请的是一所竞争激烈的大学,他就应该上一些最有挑战性的课程,并取得好的成绩。这是真正的答案。"
>
> ——斯卡斯代尔中学教务处主任、
> 库珀联盟学院招生与成绩办公室前副主任米切尔·汤普森

标准考试有多么重要?

在过去的10—15年间,标准化考试的重要性日益显现,其导致的结果是,越来越多的学生感受到必须在这些考试中取得好成绩的压力。大学招生过程中涉及的两个标准化考试一个是由美国大学委员会(College Board)组织的SAT考试,另一个是美国大学入学考试委员会(American College Testing program)组织的ACT考试。这些考试的最初价值是为了能预测学生大学一年级的成绩。经过广泛调研,这两种考试都显现出一些固有的性别、文化和经济偏见,这也是为什么考试现在是一个有争议性的话题。

不幸的是,我也见过一些平均成绩高、论文写得好、课外活动突出的学生,就因为考试成绩不理想而被大学拒绝。有的父母也因为对学生的考试成绩失望,一厢情愿地问大学能不能因为学生平均成绩高、论文写得好、课外活动突出而忽略学生较差的考试成绩。践行全观法录取原则的大学可能会在考试成绩之外还考虑其他因素。现在已经有越来越多的考虑倾向于衡量考试成绩到底应该占多大比重,以及应该以什么样的方式去应用。对那些要求严格的学校(也有例外),标准化考试成绩依然是招生中考虑的最主要因素。

有没有考试可选的学校?

随着对热衷考试的反思日渐深入,有几个组织已经开始考虑考试的问题。如果你很难取得目前期望大学要求的成绩，不要失望！有不下800所大学属于考试可选的，就是说这样的大学申请时不需要提交考试成绩，有一些要求很严格的学校也会这样。每年会有更多的大学加入这一行列，可以登录 fairtest.org 网站查看这类学校。但谨记，一些不需要标准考试成绩的学校会要求 SAT 学科考试、打分的论文，或者需要其他标准来代替考试成绩。也有的情况下，虽然入学的时候不需要考试成绩，但考试成绩会被用来对你进行班级内学生类别的划分。也有的考试可选的学校会根据考试成绩来确定奖学金，所以如果想申请到奖学金，你还是需要提交考试成绩。所以在申请考试可选学校之前要仔细了解学校的政策。

考试可选的学校举例：

亚利桑那州亚利桑那大学	纽约州哈特威克学院
加利福尼亚州培泽学院	纽约州萨拉·劳伦斯学院
康涅狄格州康涅狄格大学	纽约州视觉艺术学院
马萨诸塞州罕布什尔学院	宾夕法尼亚州富兰克林与马歇尔学院
马里兰州古彻学院	宾夕法尼亚州葛底斯堡学院
缅因州鲍登学院	宾夕法尼亚州默兰伯格学院
北卡罗来纳州维克森林大学	罗得岛普罗维登斯学院
纽约州巴德学院	弗吉尼亚州乔治·梅森大学
纽约州时尚技术学院	佛蒙特州贝宁顿学院
纽约州汉密尔顿学院	

SAT 和 ACT 有哪些区别？

由于现实情况是标准化考试成绩对整个录取过程很重要，那如何确定什么样的测试适合你呢？东海岸会有更多的学生选择 SAT 考试，因为考试委员会坐落在那边（纽约州和新泽西州）。

> *提醒*：SAT 和 ACT 考试最好都参加一次，看看你到底喜欢哪一个。你也可以做一些 SAT 及 ACT 模拟试题，看看哪个更适合你。

西海岸大部分学生则会选择 ACT 考试，因为考试管理机构设在爱荷华州。两边的学生目前越来越倾向于选择另一边的考试。SAT 一直以来被视作能力测试，而 ACT 更像成绩或内容导向的测试。能力测试通常用来衡量未来的发展潜力，测试的概念更加抽象。而成绩或内容导向的测试检验的是该门课程学习的成果，因此跟当前所学的课程内容关系更加紧密。几年前，SAT 中加入写作部分，现在的 SAT 考试已时长达 3 小时 45 分钟，这其中不包括非考试内容的任务（比如完成答题卡、休息等）。ACT 考试的写作是可选的，因此时间相对短一些，为 3 小时 25 分钟，包括非考试内容的任务时间。

针对这两项考试已经开展过许多研究。研究型的学生或具象思维的学生更擅长 ACT 考试。由于研究结果有分歧，最好跟你的指导顾问探讨一下两个考试各自的优劣。如果能两个考试都尝试一次最好，这样就能决定哪个更适合你。

由于 ACT 考试的写作部分是选做的，记得要跟你申请的大学咨询写作是否必需。说到写作，很多大学在招生过程中不会参考 SAT 或 ACT 的写作部分，但是一些竞争激烈的学校会看，所以要到大学网站确认对考试的具体要求。你应该了解的是，你申请的大学可能会查看并比较两个考试中的写作部分和你所提交申请中的个人陈述。

SAT 和 ACT 考试比较		
标准	*SAT*	*ACT*
考试类型	能力 预测力	成果检验 内容导向，与高中课程相关
时间	3 小时 45 分钟，不包括非考试任务时间	3 小时 25 分钟（包括 ACT 写作测试），包括非考试任务时间
内容	批判性阅读、数学、写作	英语、数学、阅读、科学、写作（可选）
试题部分	10（包括一个实验部分）	5
分数	每部分 200—800 分， 三部分最高分 2400 分 写作部分 0—12 分	每部分 1—36 分 总体组合分数 写作部分 0—12 分
扣分	未回答问题不扣分 复选题错误答案扣掉分值的 1/4	错误或未回答不扣分 鼓励猜测

另外一个该考虑的与考试相关的问题是什么时候及多长时间参加一次考试。什么时候参加考试主要取决于你是否已经准备好考试，以及考试期间你是否有许多事情要应付（其他考试，包括大学预修课程、期末考试、州组织的评估测试）。SAT 考试每年会组织七次，ACT 考试每年六次（两个考试均不在七八月份组织）。学生通常会参加一到三次考试，偶尔也有人会参加四次或更多。你什么时候参加考试取决于你自己以及你的指导顾问。坊间传说不同月份的考试难度是不一样的，这种说法并不准确，所以只要准备好了就去参加考试。有一些证据表明，高四秋季月份你的考试成绩会最高，所以不要害怕在当年 10 月到次年 1 月期间再参加一次考试（大部分提前录取学校截止到当年 11 月）。

许多大学想要看到学生最好的一面，实现这一目的的一个方法是组合并匹配不同 SAT 考试期的成绩。现在流行的趋势是对 ACT 考试进行"超级打分"，简单说就是将不同部分的测试成绩进行组合，得出一个整体分数。也有的大学会对 ACT 和 SAT 成绩进行组合和匹配，得出两个考试各自的最高阅读分数和最高数学分数。由于不同大学的政策各有不同，请记住一定要查询大学网站或咨询招生顾问。政策差别太大，难怪学生和家长对整个招生过程感到迷惑。

对 ACT 成绩进行"超级打分"的大学举例：

阿默斯特学院	迈阿密大学
贝洛伊特大学	南佛罗里达大学
科罗拉多大学波尔得分校	斯坦福大学
代顿大学	华盛顿与李大学
伊隆大学	华盛顿大学
乔治·华盛顿大学	
乔治亚理工大学	
印第安纳大学	
东北大学	
佩珀代因大学	

考试过程会带来很多困扰，关于不同的考试时间难度不一样的说法是不准确的，准备好了就去考试，有任何问题都要咨询指导顾问。

如何准备 SAT 及 ACT 考试？

与 SAT 和 ACT 相关的一个争议是，是否可以通过培训提高学生的成绩。有很多研究都针对是否培训能够真正提高学生的成绩，但研究结果并未确证。是否有时间及财力接受正规的考试准备服务取决于你和你的父母。

每年都会有千百万甚至数十亿的钱花在考试准备上，考试准备包括书、在线课程、课堂授课及私人教师。学生会得到一些考试准备的建议，但如何做出最好的准备取决于学生个人以及学生的积极程度。花大钱也不一定能保证对你的成绩有大的提升。有的学生参加了考试准备，有的没有，真正有用的其实是多做一些样题，明白考试的方向和考

> 提醒：要提高每天的阅读量，多做样题。寻找一些能提高你词汇量及阅读理解技巧的有趣方法。

题类型，决定什么样的应考策略最适合你。真正能帮助你提高两个考试中批判性阅读的方法是多阅读，这是唯一的方法。从个人经验来说，我认为大部分高中学生并没有达到他们应该有的阅读量。阅读能提高你的词汇水平以及阅读理解能力。每天阅读 20—30 分钟是最好的办法。有一个记录你阅读的有趣方法，你可以在 www.goodreads.com 网站开一个 "Good Reads" 账户，或者另外一个类似的网站 www.librarything.com。你可以跟朋友或作者交流，写书评，对书进行分类，或给其他人推荐书籍。还有一个提高词汇量和阅读能力的有趣办法，是玩词汇游戏，比如填字游戏。一些在线的游戏网站比如 www.freerice.com（这个网站还为不发达国家募集捐款），或者 Text Twist，还有其他一些网站。

如果你在考虑上个什么辅导课程或请个私教，重要的是要跟指导老师合拍。如果你正在上辅导课程，但是对你的指导老师或私教不满意，要告诉负责的公司要求更换老师。如果你是个主动性强的学生，书籍或在线课程对你就足够了。如果你需

要有人坐在你身边（形象的说法）来帮助你准备考试，那最好选择辅导课程或私教。最低要求是你付出了一定程度的努力，但考虑到你能得到的经济资助，你及你的父母才最有资格判断出究竟哪种方法最适合你。

我需要参加学科考试吗？

学科考试是美国大学委员会组织的时长约一个小时的多选测试，考查你对某一科目的掌握，共分五个科目：

- 英语（文学）
- 历史（世界历史和美国历史）
- 数学（1级和2级）
- 科学（生物—生态学或分子生物学—化学及物理）
- 语言（汉语、法语、德语、西班牙语、希伯来语）

学科考试的成绩跟SAT考试中推理测试的分值一样：200—800分。要求严格的大学会在招生过程中或大学课程安排时用到学科考试成绩。有的大学用ACT成绩代替学科考试成绩，这也是要参加ACT考试的另一个原因。登录大学网站看一下哪些学校用ACT考试成绩代替学科考试成绩。

参加学科考试最好的时间是刚学完这门课程一年期学习的时候。例如，如果你高三参加了大学预修课程的生物课程，那你应该在六月份完成课程学习以后参加SAT生物学科的考试。因为学科考试是以高中学校课程为基础的，都可以提前准备，而学习对取得好成绩的作用还是很明显的。如果你不确定是否申请的大学需要学科考试成绩，你还是可以将参加上过的荣誉或加强型课程或你认为自己的优势领域的考试列入计划。不要求学科考试的大学不会将学科考试列入考评范围，但是他们会看到通过参加考试对自己的挑战。即使你考试成绩不好，不要求学科考试的学校也不会将其作为对你不利的因素。比如SAT考试，你可以参加尽可能多次的考试来提高成绩，然后把成绩寄给需要的学校。

要求 SAT 学科考试的大学名单：

所有常春藤盟校（布朗大学、哥伦比亚大学、康奈尔大学、达特茅斯大学、哈佛大学、普林斯顿大学、宾夕法尼亚大学、耶鲁大学）	杜克大学
	埃默里大学
	纽约大学
波士顿大学	波莫纳大学
布兰代斯大学	莱斯大学
布林茅尔学院	塔夫斯大学
加州理工学院	加州大学
卡内基梅隆大学	弗吉尼亚大学
康涅狄格学院	华盛顿与李大学
库珀联盟	威廉姆斯学院

个人陈述有多么重要？

个人陈述或短文让你有机会告诉大学招生顾问们他们从申请材料里不能直接看到的关于你的情况。这是一个主观的、也是你能与顾问们通过非直接的交流让他们对你的个性、价值观及热情有所了解的为数不多的机会之一。恰到好处的个人陈述可以让人感觉到你的存在，并向读者传达你是谁以及你关注什么。个人陈述是申请中最重要的部分，也是你能掌控的少数几部分之一。在申请的这个阶段，你的成绩及标准化测试成绩已经确定，所以个人陈述短文是你将自己与别人加以区分，并向大学表达为什么你值得大学给你一个机会的好时机。

> **提醒：** 个人陈述是申请中一个重要部分；花时间好好写一篇出色的个人陈述。

个人陈述的重要性对不同的大学也不尽相同，对要求严格的大学更为重要，所以不要低估了个人陈述的作用！我认识一位大型州立大学的招生主任，他被一个学生的个人陈述触动了，当场决定招收这名学生，尽管她的成绩和 SAT 分数不太够学校的最低招生标准！第五章会详细介绍如何写出一篇有感染力的个人陈述，请一定记住这是整个招生过程中你唯一能有把握的环节，所以要花时间写出一篇有说服力的个人陈述。

对你的课外活动是如何评判的？

你参加的任何校内或校外活动均是课外活动。大部分大学会要求你在申请材料中列出这些活动，或者附上一份自评表、简历或参加的课外活动清单，以上几个说法都是通用的。

> *提醒：* 如果你所就读的高中没有你感兴趣的社团，问一下你是否能开设一个。大学会看重你的积极性及领导潜力。

除了根据学业表现和能力来挑选学生，大学招生顾问们在寻找那些为他们的学校及社区贡献了自己的时间并表现出领导才能的人。没有人会告诉你该参加什么俱乐部或团体，相反，大学希望你能找到自己的一两个感兴趣的领域，投入你的热情，这些领域可以是体育、音乐、政治、戏剧、创意写作、社区服务，或其他你能有突出表现的领域。大学招生顾问们通常不会被你的三页简历上列满的活动名称打动，他们更希望看到你在高中阶段是如何发展自己的兴趣及热情的，你是否通过发挥领导作用深化了自己的兴趣领域？比如，如果你在九年级加入了钥匙俱乐部（译者注：一个国家级学生组织），是否在十年级通过成为会员联合主席而变得更加活跃，到了十一年级成为社团副主席，十二年级成为主席并参加了全国会议？这些领导角色体现出你在这个组织的成长，以及如何不断提高你的兴趣水平。

不要在九年级一次性加入所有组织或社团，之后再放弃并每年尝试新的社团。你应该发展几个感兴趣的专长领域，并通过一段时间进行培养。如果你就读的高中没有你感兴趣的社团，那就写一个提案，开设一个新社团！如果你想成为一名护士，可以到当地医院当志愿者，或者跟着某个从事保健科学职业的人学习。用你的想象力和资源来发展并提升自己的兴趣领域。大学对你如何度过自己的课余时间很感兴趣，它们希望招到能给学校带来全新观点及专长的人。

多参加学校内外的活动将让你成为更有趣的人和更有吸引力的大学生。重点发展几个兴趣领域比广泛参与、没有重点、把自己的注意力过度分散到不同的领域要好得多。第六章会帮助你写出有效的自评表或简历。

大学如何看待暑期和其他经验？

暑假该做什么是一个很有争议性的话题。有的学生及家长认为学生在假期应该离开学校，暑假就应该玩得高兴，可以参加夏令营活动。也有其他一些学生及家人认为暑假应该做一些不同的事，以后也可以列入个人简历。应该有一种方式可以同时实现这两个目的，在玩的同时也能参加一些有挑战性的活动。有的大学对暑期体验很看重，有的则不太看重。

在上学期间或暑假工作是为大学攒钱的好机会，同时能让你深入了解"现实世界"，并建立起重要的生活技能，如跟别人共事。只要不影响到你的学校学习，成绩也没有因此下降，大学对工作经验通常是肯定的。

如果你希望去夏令营或趁暑假出去旅游，那就在九年级或最晚十年级之后的暑假去。十一年级之后的暑假就该好好计划一下有挑战的暑期体验了。很多父母认为有挑战性的暑期体验需要很多钱，比如参加大学入学前项目，很多大学都提供这样的项目，通常要花费几千美元。由于花费较高，并不是总能得到积极的评价，这对没有能力支付项目费用的学生是不公平的。你要问问自己，什么才是值得的暑期体验以及要花多少钱？有很多根本不用花钱的机会！咨询一下你的指导顾问、家人和朋友，跟大家一起头脑风暴一些有价值的暑期体验。

> **提醒**：高中做一些兼职工作是很好的经验，很多大学都比较看重，只要不会对你的成绩有影响。有挑战性的暑期体验也不一定要花很多钱。

招生顾问们对暑期活动的看法

"像实习或工作这样的暑期活动是培养兴趣、充实简历和赚钱的很好的方式，但也要记得抽出点时间放松和娱乐！"

——纽约州立大学宾汉姆顿分校入学申请办公室主任谢里尔·布朗

"我们发现，能在像印第安纳大学这样大的学校取得成功的学生在高中学校就一直积极参与学校和社团活动。印第安纳大学为那些想要了解我们学校的高中生提供了一系列暑期项目，包括凯利商学院的年轻妇女研究中心和年轻领导人研究中心、高中新闻研究中心，以及仲夏戏剧项目。参加我们暑期项目的学生住在学生宿舍里，跟他们的同学交流，体验印第安纳大学的生活是什么样的。"

——印第安纳大学入学申请办公室主任助理劳伦·凯

"暑期活动能帮助学生充实自己的学业简历，例如，国外学习或旅游有助于帮助学生发展在美国之外一些领域的兴趣。研究是实际应用课堂学习内容的非常好的方法，能深化学生在学校所提供的教学范围外更专业领域的知识。志愿工作能体现一种同情心和强烈的核心价值，有助于校园社区的建设。即使是杂货店的暑期工作也能体现出勤勉、决心，甚至是进取精神。重要的是强调学生暑假所做工作的内在价值，以及其与所申请学校之间利益相通之处。"

——伦斯勒理工学院外联处主任雷蒙德·卢茨奇

"暑期活动对形成整体大学申请材料的完整性是很重要的，活动可以包括暑期或其他时间参与的一些工作。"

——格林内尔学院入学申请办公室主任南希·马利

"暑期活动很好，（入大学前项目）通常是为大学攒钱的。但对申请人来说问题在于，你在这个过程中是如何认识自己的？为什么你要参与这样的项目？其他同公

> 司的人从中受益有哪些？完成了这样的项目以后你有什么可以分享的？有时候申请人参加夏令营，享受作为年轻人的乐趣也是不错的。"
>
> ——斯卡斯代尔中学教务处主任、
> 库珀联盟学院招生与成绩办公室前副主任米切尔·汤普森

实习（一般不付给高中生薪水）是了解一个行业的很好的方式。高中生很难得到付钱的实习及正式实习机会。你可以了解一下自己或家人认识的人或请当地社区的人帮你安排非正式实习机会。比如，假如你对室内设计感兴趣，可以给当地的设计师打电话，问问能不能跟他学习一个月，甚至是课余时间也可以。如果你对教师职业感兴趣，可以问问能不能参加课外学习项目，或者在暑假期间给孩子的妈妈当助手。我认识一个资源丰富的年轻人，他在度假的时候碰到一个有名的服装设计师，他就做了几个设计送给她，还给她的房间送了一束花。第二天，她对年轻人发出了暑期实习邀请。年轻人当然是占到了天时地利的好处，但关键是一旦机会出现，他能识别并抓住。机会是无限的。

以下是你可以在暑假从事志愿活动的一些地方（或者学期其他时间）：

- 在当地医院做志愿者
- 在动物收容所做志愿者
- 在流动厨房工作
- 参加图书馆阅读活动，当志愿者
- 给教授英语作为第二语言的老师当助教
- 在仁人家园当志愿者
- 帮忙做环境清理和/或公园美化活动
- 看望养老院老人
- 帮助孤残儿童

- 当"大哥哥"/"大姐姐"
- 跟随某个工程师、建筑师或医生学习

你可以看一下国家级或地方网站的实习或志愿者工作机会,比如"更好的社区"(A Better Community),网址为www.abettercommunity.com,这是一个由美国广播公司和"彻底改变之家庭再造"(Extreme Home Makeover)共同主办的国家级网站,可以从中找到工作机会。其他网站还有www.thevolunteerfamily.org以及联邦政府的www.studentjobs.gov。建议你在高中阶段至少拿出一个暑假的时间从事一项你自己选择的挑战性工作。这些机会会帮助你写出一篇有趣的大学论文。

以下网站由一个高三学生进行了打分(☺-☺☺☺☺),可用以寻找工作机会:

Groovejob.com
☺☺☺

- 通过地域搜寻工作
- 查询工作、实习及志愿者机会
- 包含"问题解答"板块
- 轻松浏览

Teens4hire.org
☺☺☺

- 免费注册
- 查询工作
- 在线申请
- 包含"关于我们"板块
- 有博客板块

- 包含有用的文章（写论文的技巧，雇主希望雇员具备的潜质）

Gotajob.com

☺☺☺☺

- 包含有用的文章
- 提供找工作的技巧和建议
- 教你如何写求职信
- 提供雇主名单

推荐信有多重要？

　　你的顾问、老师或其他人所写的推荐信是提升你申请分量的一项主观因素。有的大学会要求一个老师和一个顾问的推荐信，有的要求两个老师和一个顾问的推荐信，其他的不规定数量。如果有其他老师或教练、实习指导、雇主或其他外部人员的推荐信，并且你和指导顾问一致认为这些推荐信与你的其他推荐信相比能展现你不同的一面，也可以放到你的推荐信里。大学并不希望收到四封或更多的推荐信，除非是能对你的申请增加特别意义的。如果你在某位议员或政治候选人的办公室做过志愿工作，有他的推荐信，但是你跟他本人并没有私人关系，这样的推荐信通常没有什么意义，也不会体现出你的价值。有了三四封推荐信以后，其他的基本都是重复，所以如果有怀疑，就直接扔掉。

关于推荐信……

　　"推荐信在申请过程中有重要作用，因为招生委员会可以从其他成年人的角度去了解你。选择那些能对你的才能、性格和学业技能写出东西的人。可以考虑的写推荐信的人包括老师、老板、教练及社区负责人。不要让家庭成员给你写推荐信，原因很简单，他们的评价不具备可信性。"

——纽约州立大学宾汉姆顿分校入学申请办公室主任谢里尔·布朗

"伦斯勒理工学院要求一封推荐信，最好是数学或科学老师的推荐信。好的推荐信能帮我们确认学生已经为加入伦斯勒理工学院做好了准备并将有良好表现。通常，数学或科学老师会对学生的能力做出真诚的评价，不管是好是坏。半心半意的或偏弱的推荐信给人的印象很少或几乎没有。而批评学生能力的推荐信几乎会毁掉一个申请（现在这种情况越来越多，因为学生们不愿意花时间和精力去找好的推荐人）。推荐人应该获得两种东西，一是尊重（对其付出的时间、努力及语言表达等的尊重）、二是信息（提供时间、写好地址的信封、支持性材料，如简历等）。"

——伦斯勒理工学院外联处主任雷蒙德·卢茨奇

许多学生不知道该找哪个老师写推荐信，有的错误地认为能给他成绩 A 或 90 分以上的老师是最佳选择。你课堂表现优秀的课程的老师可能是应该找的老师，但是能更好体现你的大学潜力的是你通过努力学习，老师对你的坚持和动力留下印象的专业或课程。如果你跟这样的老师建立了较好的关系，他们就会比几乎不了解你的老师写出更多对你的了解。如果你在课堂上有积极表现，对某一学科表现出兴趣，或者固定参加额外课程，课程老师就可以写出关于你更详细的内容，这也是大学顾问们想要读到的东西。

大学招生顾问们并不想看到这样的内容："蒂姆是个安静、勤恳的学生，我的所有测试他都得到了 100 分。"他们更希望读到更具体的内容，比如"蒂姆是个好奇心很强的学生，课后会找我聊他最近读到的一本很有趣的书，他的成绩并不是最优秀的，但他确实有学习热情，他关于唐人街草药使用的论文研究很

提醒：仔细选择给你写推荐信的老师，找那些了解你的老师，而不是你成绩最好的课程的老师。

细致，组织得也很好，对一手和二手资料都有批判性的分析"。你更希望读到哪一类推荐信呢，第一类很概括，对个人情况介绍很少，第二类写得很具体，对学生的大学学术潜力有很多描述。所以，至少要仔细选择给你写推荐信的人。

现在你知道该去找谁了，那什么时候找老师写推荐信最合适呢？你可以在高三（或再早一些）就问问老师能不能给写推荐信。有的老师会在暑假写推荐信，所以你一定要在高三结束之前问他们，然后在高四一开始再提醒他们。你让老师帮忙写推荐信的时候他们会拒绝吗？当然会。如果他们觉得写不出有价值的推荐信，就有权拒绝你。我丈夫是化学老师，他偶尔也会拒绝学生，但他通常会处理得比较有技巧，会跟学生说："我觉得你可以问问其他老师。"如果一个老师总是推托，不马上表示同意，那就表示他可能写不出很棒的推荐信。有的老师不想伤害了学生的感情，就随便写一封不冷不热的推荐信，这对你没有任何好处。问老师的时候，你可以这样说："您是否愿意帮我写一封推荐信？"或者"您是否能帮我写一封很有说服力的推荐信？"如果他们答应了，那很好。如果他们犹豫或说不行，那你最好再找别的老师。

能写出最好的推荐信的是了解你的老师，你跟这样的老师建立了很好的关系，并且在他们的课堂上你表现很好或表现出很大的兴趣。指导顾问的推荐信通常是必要的——所以了解你的指导顾问也很重要。老师、顾问或学校之外其他人的详细的推荐信也会给你的大学申请加分，并能展示出你是什么样的学生，以及你是否为大学做好了准备。

> 提醒：找老师写推荐信可以说"您是否愿意帮我写一封推荐信？"或者"您是否能帮我写一封很有说服力的推荐信？"

面试是必需的吗？

许多学生都害怕个人面试，但这是你了解更多关于大学的信息，同时也是为自己辩护为什么自己值得大学录取的好机会。有的大学要求面试，有的说面试是选择性的，也有的根本不安排面试。可以到各大学网站上查有关大学面试的信息。面试官可能是招生官，也可能是大学校友，或者也可能是学生。

如果你有机会参加面试，一定要接受，因为这是交换信息的好机会。对有的大学来说，你要自己联系招生官安排校内或校外的面试，也有的会给你打电话安排面试时间。校内的面试可以安排在校园参观的同一天，校外面试通常会安排在你的故乡，由你所在区域的校友对你进行面试，最常安排的见面地点是星巴克或其他咖啡馆。面试通常会延续20—60分钟或更长时间。面试通常不是录取过程中的一个重要环节，除非你申请的是特殊项目，比如竞争非常激烈的本博连读或类似项目，针对学习障碍者的项目，或是荣誉项目。大部分面试者会针对面试人写一个简单总结，说明他们对你学业表现、课外活动、个性以及跟大学的匹配度的印象。面试以后，面试人有时候会发给大学招生委员会一个数字成绩或排名，以便在后续申请考核时参考。

如果你申请的是艺术类院校，可能会对你进行组合审查，又或者组合审查是可选的。如果你有能力亲自参加组合审查，那么假如能在正式提交申请材料之前见一下可能的招生官或艺术教授，表达出你的兴趣，问问他们对你的作品有什么反馈意见，将会很有价值。关于特殊人才组合审查的信息请见第六章。

如何为面试做出最好的准备？

在面试之前不要压力太大，因为面试通常对你是有好处的，很少会带来坏处。可以为面试做以下准备：

- 做一些自我反思
- 评估自己的个性
- 思考自己的长处和短处
- 评估自己的学业经验——了解自己的成绩单
- 评估自己的课外兴趣和活动
- 检查自己的价值观和目标
- 看看什么对你更重要，你希望大学给你什么

- 试着预测几个面试问题
- 浏览大学网站

可能的面试题目：

- 你对什么样的职业/专业感兴趣？
- 介绍一下你自己。
- 你有哪些长处和短处？
- 你读过什么书？目前你正在读的是什么书？
- 你最敬佩的人是谁？为什么？
- 你最喜欢的科目是什么？
- 你有什么兴趣或业余时间喜欢做什么？
- 你参加过什么课外活动？
- 你有什么领导才能？
- 你为什么想上这所大学？你会给大学校园带来什么改变？
- 你想象自己5年或10年以后会怎样？
- 如果你有机会见见过去或现在的历史人物或虚构人物，你想见谁？
- 你曾经面对什么样的挑战？
- 你暑假曾做过什么？
- 有什么让你关注的全国性或地方性问题吗？

面试期间，你应该尽量放松，做好自己，虽然这听起来有点不言而喻。以下是关于面试期间如何表达自己的小技巧：

- 做好准备，有礼貌
- 反应迅速
- 穿戴合适

- 不要显得太刻意
- 听面试人讲
- 保持眼神接触——这很关键
- 尽量避免一个字的回答
- 对面试人表现出兴趣，尽量建立关系，问问他们在大学期间的经验以及他们现在做什么
- 展现自己对大学的兴趣及了解
- 问一些未包含在整个对话中及网站上的关于大学的探究性的问题

以下是面试时不应该做的一些事：

- 不要让面试人比较不同的大学
- 不要为不理想的 SAT/ACT 成绩、考试成绩及老师不喜欢你找借口
- 除非有人提出，否则不要提供你的学业信息（成绩单、SAT/ACT 成绩）
- 不要问太明显的问题，例如你们有多少学生，有没有教育类项目或物理治疗专业。这些基本的问题你应该提前了解。

面试结束时，要对面试人表示感谢，并问问他的地址或邮箱，以便能给他发一封感谢信，并记得立即发出感谢信。如果你后续还有问题，就可以保证有人可以联系到。即使面试所占比重并不大，你也应该总是给人留下好的印象，并保持热情。

科技在申请过程中扮演什么角色？

由于科技在大学申请过程中发挥着越来越重要的作用，有很多如果不注意会对你造成负面影响的问题。差不多所有大学都要求学生提供电子邮箱，有时候还需要父母的邮箱。有的学生的邮箱还是初中时候的，已经不合适继续使用。客观评判一下你的邮箱地址，如果邮箱名是"性感妈妈"（sexymama@aol.com），或"我讨厌学

校"（ihateschool@aol.com），或者像"派对狂人"（partyanimal@aol.com）这样的地址，我强烈建议换成中性一些的地址。学生们有时候意识不到大学可能有时候会看你"脸书"（Facebook）或"我的空间"（MySpace）里的个人资料。

如果上面发布的一些东西会让你感觉尴尬，那在大学申请期间一定要注意你发布的内容。说到这个，许多高中和雇主也会看你发布的内容，所以对你的个人资料一定要多加留心。喝酒狂欢、有伤大雅的照片，关于别人的谣传以及其他一些不合适的内容有可能直接导致你被某些大学或荣誉课程项目拒绝。同时，也要当心自己的密码，不要把你的账户信息给不熟悉的人，因为有的学生会侵入别人的个人资料，张贴一些有害的内容，企图破坏你的大学申请。你的"脸书"上真的有600多个亲密的朋友吗？好好查看一下你的资料，删掉不能百分百确信的人。在高四刚开始的时候，就看看你的邮箱地址和网上发布的内容，改一下账户的安全登录信息，删掉所有不合适的内容。

从积极的方面来说，科技已经使得大学申请过程更加简单和便捷。CA通用申请（Common Application）和UCA通用大学申请（Universal Application）是目前最流行的两种申请方式。现在流行的趋势是准备电子申请材料，大学可以直接查看并借此获取更多关于你的才能、技巧和能力的信息。这样的申请材料可以包含创造性的作品、图像、链接、研究论文，和其他一些能突出你取得的各种成绩的文件。如果你留心，科技会在你大学申请过程中发挥重要作用。如果不够细心，可能会无意间给大学传达一些负面信息，导致被拒录。

其他可以了解学生对大学生活观点的途径包括博客、视频影像和大学网站上的聊天室。你可以跟现在就读的学生聊聊大学学业和校园生活，跟大学生直接交流会让你对大学有更多的了解。

你该如何评判大学：学生应该追求什么

私立大学与公立大学相比能提供更多课程和小班课堂。

州立大学更有价值，为读研省下钱吧。

本年度最热的学校是＿＿＿＿＿＿＿；你应该申请那所大学！

我从来没听过那所大学；你应该申请有"名气"的大学。

对应该上什么大学每个人都有自己的看法，你的黛比姑姑，你妈妈的发型师，还有你爸爸的客户。你应该听谁的，且应该从哪里得到关于大学更可靠的信息呢？

关于大学的信息应该从哪里来？

关于大学的信息来源有很多，但很少是中性或客观的。大学们总试图用漂亮的宣传册、酷酷的网站、诱人的信函和一些免费物品（T恤、钢笔或其他小赠品）来吸引你的注意力。有的父母、家人或朋友有时候会有自己的想法，会说服你去知名的大学或他们上过的大学。还有许多学生和家长会受大学指导意见和大学排名的影响（大学公开排名），这样的信息不计其数。

以下是可以获得大学信息的一些途径：

- **家庭成员**：家人对你应该上什么样的大学有很多想法和主意。姑姑、叔叔、表亲和其他亲戚们这时候都聚集过来，不等你询问就开始提供意见。他们的想法可能是基于个人经验、谣言以及他们通过媒体读到或听到的信息。有的建议可能是合理的，但有些就会有失偏颇。记住，对你某个亲戚最好的不见得是对你最好的。你最应该听的是父母的建议，因为他们最了解你。你也应该跟父母坦诚地聊一下他们能支援你多少学费，以及他们还有什么希望你在申请大学过程中考虑的因素。

> **直升机式父母**
>
> 父母在大学申请过程中可以并且应该提供帮助，但是，帮太多忙也不是聪明之举。"直升机式父母"这个说法说的就是在大学申请过程中过分参与的父母，从写个人陈述到不断给指导顾问打电话，再到大学参观过程中跟导游和招生顾问大讲一些无意义的话。这个说法还可以延续到大学大一阶段，有的家长会打电话太过频繁，给过多的建议，让学生产生过多的依赖。

- **指导顾问**：你的高中指导顾问应该是你申请大学过程中的伙伴和信息来源。指导顾问可以指导你获取准确的信息和资源，而且可能会有很多你获取不到的重要信息，所以一定要征求他们的意见。要明白，很多顾问都有 250 个以上的学生需要指导，所以有时候他们的时间很有限。大部分学生要在高三的春季学期跟指导顾问及家长一方或双方开一次到两次会。留意你的顾问办公室张贴的信息，包括大学开放参观时间、大学代表来学校的时间、奖学金、助学金，以及其他一些信息。

- **老师**：老师有可能会是一个重要的大学信息来源。一定要问问你的老师上的是什么大学，你可能就找到了你感兴趣的那所学校的毕业生。他们也可能告诉你一些你从来没听过的学校，而这也可能成为你可行的选择。

- **朋友/同龄人**：朋友和同龄人也是一个重要的信息来源。分享你了解的大学信息对所有人都有益。你朋友的兄弟姐妹可能正就读于你感兴趣的那所大学，这样你就可以在参观大学校园的时候跟他们一起去听听课。再次强调，你获取的一些信息可能不是百分百准确的，一定要牢记这一点。

- **大学网站**：大学网站是你获取目标大学信息的重要渠道。从大学网站上可以看到大学校园、宿舍，查看某一学术项目的课程设置，了解奖学金、费用、助学金信息，看看大学都有哪些俱乐部和活动可以参加。你也可以查看一旦你被录取，大学都有哪些核心要求，以及对整体学业的要求。许多学生忽略了这些要求，开始上课后才发现他们要应付并不喜欢的外语课、体育课、数学或其他科目。有的大学对必选课要求很松，而有的则有繁重的学习任务要应对。

大学网站上有一个很重要的搜索工具，叫"公共数据表"（Common Data Set），它会给你提供大量的信息，包括学校在录取时参考哪些因素，学生们都申请什么专业，有多少人递交了申请，还有其他大量有用的信息。要获取这项重要工具里包含的信息，只要在大学网站的搜索框内输入"公共数据表"即可。另外一个获取招生信息的重要链接是"新生信息"，或叫"新入学班级信息"，这里的信息更有条理，可以了解录取学生的平均绩点，中间50%的学生的SAT/ACT成绩，录取过的学生人数，以及其他有用信息。大学网站是了解关于大学详细信息的首要渠道，然后就是大学参观。

除了大学网站，还有很多网站会提供关于大学的信息。只要你明白并不是所有的信息都是准确的或经过别人专门验证过的，有的信息还是很有用的。除了美国大学委员会和普林斯顿评论（Princeton Review），还有许多类似在线相亲网站的匹配型网站，你可以通过学校位置、专业设置、学校规模、花费及其他一些方面进行搜索。这其中有些网站是学生开发的，信息未经剪辑和过滤，这些网站可以用于最初信息搜集阶段。

有一个高三学生发现了以下两个网站及其特色，认为对学生最有价值：

www.collegeconfidential.com ☺☺☺☺

- 助学金计算
- 校长问答部分
- 文章
- 通过位置、名称及学习领域搜索大学
- 大学排名链接

> www.mycollegeoptions.org ☺☺☺
> - 通过城市/州、名称或专业搜索大学
> - 了解某一个专业
> - 关于大学匹配度的免费报告及每月免费时事通讯

- **大学参观**：参观大学校园是决定哪所大学更适合你的最好方式。如果有可能，一定要在申请大学之前去学校看一下。本书第四章将专门讲到大学校园参观，以及如何最大限度地从参观中了解更多信息。

- **大学升学咨询会**：大学升学咨询会是一次了解不同大学的有趣且简单的方式。有的咨询会是全国大学招生咨询协会组织的，有的是区域性咨询团体组织的，也有你所在区域几所大学联合组织的，或是你就读的高中自发组织的。大学升学咨询会让你有机会了解很多之前你没有考虑的学校，所以在咨询会上一定要有开放的心态，可以跟大学招生代表聊聊，登记自己的邮箱信息，并从招生顾问处要到电话号码或邮箱信息，以便后续咨询。有个小技巧是提前打印好你的姓名和邮箱信息，这样你就不必担心需要填完个人信息后才能咨询了。参加大学升学咨询会越早越好，因为咨询会会让你短时间内了解很多大学——同时这也是获得大学赠品（笔、杯子、广告）和宣传资料的好方式。

- **大学指导书籍**：市面上有很多大学指导类书籍，有的书是美国大学委员会、普林斯顿评论、彼德森出版社（Peterson's）、卡普兰出版社（Kaplan）及其他一些公司写的，有的是独立顾问或专业作家写的。这些书都基于对大学招生主任或大学学生的调研，或者来自或客观或主观的调研结果。我个人最喜欢的是菲斯克（Fiske）的《大学入学指导》（*Guide to Colleges*）（Sourcebooks, Inc., 2008）和拉格（Rugg）的《大学推荐》（*Recommendations on the Colleges*）（Rugg's Recommendation, 2008）。拉格的书可以按科目进行查询。大学指

导书籍可以帮你了解大学的基本信息，包括学校规模、位置、学费、申请期限、可选专业。这些书虽然很有用，但不要将你对大学的印象完全限定在这几本书上。

- **大学排名**：大学排名也可以作为一个信息来源，前提是你不把排名太当真，对所有的信息都经过仔细分析。其中最有名的是《美国新闻与世界报道》(US News & World Report) 在每年夏末发布的大学排名，其他排名还有《吉普林格》(Kiplingers)、《福布斯》(Forbes) 以及《商业周刊》(Business Week)。大学排名可能会很有用，也可能有误导作用。父母们通常很看重这些排名，但指导顾问们对排名则不太看重，因为其中很多决定排名的指标是可以操纵的。很多大学都希望看到自己的学校排名每年都在提高，所以他们会花很多时间和金钱来提高学校排名。但也有的学校不愿参加大学排名的调研，因为用来计算排名的很多指标，比如校友捐赠的多少、SAT/ACT成绩和其他一些因素都是可以操纵的。有一本关于大学排名（或说反对大学排名）的广受关注的书，叫《反大学排名：终结大学录取狂热》(College Unranked: Ending the College Admissions Frenzy)（Harvard University Press, 2005），书的编辑是教育维护联盟（Education Conservancy）的劳埃德·赛克（Lloyd Thacker）。

- **大学招生代表来访**：有的高中会邀请学生们感兴趣的大学的招生顾问到学校来，你通常需要提前报名来参加这样的会面，这是很好的机会。你也许会碰到将来会审核你申请材料的人，所以最好能在这样的会面之后介绍一下自己，让招生代表知道你对这所大学感兴趣。你可以非正式地要到他们的联系方式，以便后续申请过程中可以继续保持联系。许多招生顾问会记得在高中学校见过的学生，所以一定要好好利用这重要的机会。

> **提醒**：大学申请期间的信息有时候会非常多。信息自然会很多，但并非所有信息都是准确的。你需要在大学了解阶段仔细核对所有的信息来源。

- **大学发送的邮件**：你可能会收到一些从来没听说过的大学发来的邮件，不知道为什么这么多不同的学校会给你发邮件。如果你在 PSAT、SAT 或 ACT 报名表或答题卡上填了"是"，就会收到这样的邮件。如果你还没有报名参加考试，也不想收到这样的信息，只要选"否"就可以。
- **你就读高中的毕业生**：你就读高中的往届毕业生了解大学的"真实模样"，只要你相信这样的信息来源。很多高中学校会要求往届毕业生在寒假回到学校，分享大一的大学经历和经验，这对你十分有用。如果你的高中不组织，你也应该向其提出组织此类活动的要求。

在评估大学过程中我应该考虑哪些因素？

在你评估目标大学时有很多因素需要考虑，你和家人要确定哪些标准是跟你相关性最大的。有的标准是必不可少的，是你的预期大学必须具备的条件，否则不予考虑；也有的是最好具备，但不必需。如果你能提前确定哪些是"必须有"的，哪些是选择性的，在决定选哪所大学时就会简单很多。

以下是在评估大学时应该考虑的一些标准，但只有你了解每个标准的分量。仔细考虑一下每个要素，有助于精简你的目标大学名单。

- 学校规模
- 学校位置
- 公立还是私立
- 课程体系
- 学生多样性
- 男女比例
- 校园生活
- 体育活动
- 学费

- 录取标准／招生严格程度
- 设备／科技水平
- 家庭问题
- 残障人士服务
- 海外学习项目／合作项目／实习机会

让我们逐一看一下每个要素。

学校规模

大学规模各有不同，小到一千多个学生（小型大学），大到三万名学生（超大型大学）。大型和小型大学各有利弊，学校的规模会影响设置的课程数量和可选性、了解教授和同学的机会、学生的多样性以及可供选择的各种类型的校园活动。我女儿去的是她很喜欢的一所中型的私立大学，但是学校可供选择的课程没有大一点的学校多。

如果你上的是一所小型高中，那超大型的大学可能会让你有压力。反过来，如果你读的是规模很大的高中学校，那小型的大学会让你觉得窒息。总体来说，小型的大学提供的课程较少，可供选择的俱乐部和校园活动也不多。但是另一方面，小型的大学课堂人数更少，方便你更好地了解教授和同学。更大规模的大学会有许多课程选择，学生群体更多样化，也有更多的体育活动团体和校园活动。

如果你对大学就读专业不确定，那大点的大学无疑会提供更多专业选择。如果你想换专业，大点的学校也更可能提供给你新的专业，而不必转到其他学校。确定什么规模的学校最适合的最好办法是去实地参观一下小型、中型和大型学校，看看哪个更合适。

学校位置

学校位置既指学校离家的距离，也包括你是要到城镇、郊区还是城区上学。家里人对你上学的位置可能会有很强烈的意见，很多学生更希望学校离家能在2—4个小时车程范围内，这样学生们就可以在假期之外的时间回家。很多家长通常也对这个距离感觉最合适。在将学校位置作为大学选择考虑因素的时候，你应该问问自己这样几个问题：

- 大学期间你想住在美国哪部分？
- 你更希望在什么地方上大学，城区、郊区、小镇还是乡郊？
- 你希望大学离家和家人多近？
- 如果你上的大学离家较远，你能支付得起机票或火车票吗？
- 如果你选择到其他州上大学，你或你的家人能支付得起州外大学的学费吗？（在第七章中有更详细讨论）

这些问题的答案取决于你的独立性、家庭状况、财务状况以及你更偏向什么样的气候类型。如果你喜欢滑雪，那冷一点的气候更适合你。然而，如果你是个冲浪爱好者，那温暖一些的天气对你追求自己的爱好更合适。如果你家里有人生病了，那你离家近一些更好。如果你想变得更独立，离家远一些，那选一所离家有几小时车程的学校则会更理想。

公立还是私立

上公立大学和私立大学是截然不同的，公立大学由所在州资助，通常比私立大学的学费要低。私立大学是私人出资的，学费通常比公立大学高。如果你居住在某一州，那在你所在州的大学系统里继续读大学就会省钱，而如果你跨州上大学，就要准备更多的学费。但学费总体上还是比私立大学要低。现在价格最公道的是纽约州立大学系统，对跨州读大学的学生也不会多收很多学费。如果相邻州有朋友的儿子想要找一所高质量又不是太贵的大学，我会让他们关注一下纽约州立大学系统。其他价格公道的学校可以登录 kiplinger.com，查看"100所最物有所值的大学"名单。私立大学通常比公立大学花费要高，但是因为有奖学金和助学金，就不一定那么高了。很多私立大学都有捐赠，它们会将这些资金用到吸引有学术天赋或能增加群体多样性的学生身上。所以在你收到助学金计划后，最好计算一下你挑选的所有大学的总花费。关于助学金和奖学金的更多信息请见第七章。

　　除了花费方面，公立大学和私立大学还有其他一些区别。经济危机时，公立大学可能会被州立法机构削减开支，最后可能导致可选择课程减少，或者更大班上课。私立大学在经济形势不好时也不能免于被削减开支，但它们可能会有更多的捐赠，可以保证在困难时期也有救助资金。私立大学通常在课程选择、食物供给、宿舍、小型课堂、更大型的庆祝活动等方面会有更多的资金支持，在开放参观日的招待也会更大方，但是这些都是表面功夫，对学校的学术声誉没有实质影响。有的父母认为私立大学在学术上会更胜一筹，但事实并非如此，特别是那些"公立常春藤盟校"（Public Ivies）。理查德·莫尔（Richard Moll）发明了"公立常春藤盟校"（Viking Penguin Inc., 1985）这一说法，指的是能提供常春藤盟校教育质量而学费又很低的公立大学。莫尔最早列出了八所这样的大学，后来格林指南（Greene's Guides）（Collins, 2011）及其他囊括了更多公立常春藤学校。

公立常春藤盟校举例：

纽约州立大学宾汉姆顿分校（纽约州）	佛罗里达大学盖恩斯维尔分校（佛罗里达州）
威廉与玛丽学院（弗吉尼亚州）	马里兰大学帕克分校（马里兰州）
印第安纳大学布鲁明顿分校（印第安纳州）	密歇根大学安娜堡分校（密歇根州）
迈阿密大学（俄亥俄州）	北卡罗来纳大学教堂山分校（北卡罗来纳州）
罗格斯（纽布朗斯威克）新泽西州立大学（新泽西州）	得克萨斯大学奥斯汀分校（得克萨斯州）
加州大学（加利福尼亚州）	佛蒙特大学（佛蒙特州）

科罗拉多大学博尔德分校　　　　弗吉尼亚大学
（科罗拉多州）　　　　　　　　（弗吉尼亚州）

威斯康星大学麦迪逊分校（威斯康星州）

课程计划

大学可供选择的学习或专业领域会影响你的学院（college）或大学（university）选择。尽管"college"和"university"这两个词可以混用，但它们还是有区别的。College通常指的是小型的学院，一所学院会提供不同的学位课程，通常是学士学位课程，也有的有硕士学位课程。University通常由几个学院（college）组成，会提供专科的学习课程，比如教育学院、工程学院、护理学院或商学院。University提供更多的学位课程，包括博士级别的课程，包括法学博士和哲学博士。

大部分学生刚进大学时并不清楚自己该选什么专业或学习领域。在十七八岁的年纪不知道自己将来会从事什么样的职业很正常。上大学的目的之一就是探索不同的学科领域，而且大部分学校鼓励学生在大学前两年通过其所谓核心课程来进行探索，这些核心课程是一系列让学生了解艺术、文学、社会科学、数学、科学及其他一些领域的入门课程。基本上，你在大二结束或大三开始之前不需要确定自己的专业，而且中途换一次或多次专业也不是不可以。那在选择大学的时候该如何考虑课程体系方面的问题呢？

大部分文理学院会提供哲学、历史、数学、英语及其他一些常见的专业。如果你希望学习教育、工程、商业类专业，就需要考虑能提供更多课程计划的学校。在一所大学内部，可能会针对不同的专业学习领域划分出不同的学院，比如教育学院、商学院或工学院。如果你的目标是一个特别的专业，比如语言学、创造性写作、传播、物理疗法、言语病理学，你就需要仔细看一下每所学校的专业设置，确保会提供你想要学习的领域。

要记住，如果你将来想从事医学或法律职业，大学里并没有医学预科或法律预科专业，你应该将医学预科或法律预科作为你的备选专业之一，也就是说，你可以先选择任何专业，只要能满足进入专业课程或研究生院学习的要求就可以。在大学期间你会有一个导师，他会帮你在拿到本科学位以后开始准备专业的课程。

学生多样性

大学生人群十分复杂，大部分大学根据地域位置及多样性对学生人群进行划分，这类数据可在大学宣传册（发给学生的宣传材料或从高中指导办公室可以拿到）、大学网站或任何公共图书馆都会有的大学指导类书籍上找到。

如果你不希望学生群体太过复杂，或者你希望学校其他学生都跟你差别不大，你可以选择传统黑人大学、宗教附属大学（罗马天主教、卫理公会、浸信会等）、女子大学或男子大学。

如果你希望学生多样性更丰富，大一点的大学学生差异性通常会更大，有来自美国各个州以及其他国家的学生。有的学生更希望跟与自己类似的人住在一起，也有的更希望多与来自不同种族、民族和文化背景的学生互动和交流。

男女比例

大学校园的男女比例已经到了在考察大学时应该作为一项考虑因素的程度。大学男女比例失调到大于正常的六成女生对四成男生这一比例时，这所大学就会有流失学生的风险。我们最小的女儿在找大学的时候，表达了对这一比例的关注，这对她的大学选择确实是影响因素之一，她不想去男女比例太过失衡的大学，但是我一个朋友的儿子在听到比例这个问题的时候，却希望去女生更多的学校，所以这完全取决于你的个人观点。

有的大学在努力平衡男女比例，但是这一政策在招收学生时可能会产生负面效果，因为有可能一些很优秀的女生会因为学校想保持性别比例平衡而被拒。其他一些工科或技术类学校，比如麻省理工学院（MIT）、伦斯勒理工学院（RPI）、加州理工学院（Cal Tech）、哈维·穆德学院（Harvey Mudd）会努力吸引更多女生，所以女生在申请这些专业性较强的学校时会更有优势。

如果你关注男女比例这个问题，那你就应该了解你想去的大学的比例如何。这个信息通常在大学网站的"新生资料"或新入学班级的"班级资料"里有。

校园生活

校园生活可以定义为校内或校外的有组织的及自发的活动。在大部分大学，根据你的个性及兴趣，都可以找到你喜欢的活动。有的大学组织"同性联谊会"，比如"女学生联谊会"和"兄弟会"，你的社交生活基本就是围绕你的同会"兄弟"或"姐妹"展开。

> 提醒：不要太看重各种标签，比如什么"聚会学校"、"书呆子学校"、"学院风学校"。很多家长不想让孩子去所谓"聚会学校"，尽管也能找到公开的"聚会学校"名单，事实上只要你想要，所有的学校都可以成为聚会学校，所以不要太看重那些标签。

很多大学都会提供各种各样的活动，包括学生管理、校园媒体（报纸、杂志及电台）、荣誉组织、学术俱乐部（人类学俱乐部、心理学俱乐部等）、社区服务或社会行动俱乐部［如圆社（Circle K）、反对酒后驾车社］、特别兴趣小组（合唱团、动漫、摄影）、文化性组织（亚洲学生协会、拉美学生会、非洲人组织），以及宗教组织（犹太教、穆斯林学生协会）。

一所学校所在的位置、学术声誉以及是否是走读大学（大部分学生会在周末回家的大学）都会影响学生的社交生活。作为即将入学的新生，你需要在入学之前就感受一下大学生活是什么样的。如果你在高中加入过什么俱乐部，你可能会想继续参加那个俱乐部，或者寻找新的体验。作为新生，立即融入大学校园生活对交朋友、避免想家并充分参与大学生活都很重要。

体育活动

如果你参加竞赛性的体育活动，或喜欢观看比赛，或把体育活动当成一种娱乐，那你应该对学校的体育活动加以关注。如果参加竞赛性的体育项目，那你可能有资格加入全国大学体育协会（NCAA），该协会会决定什么样的人有资格加入、对运动员的招募及资金支持。想在大学参加体育活动的学生应该选择一类或二类大学，并需要得到全国大学体育协会认证中心的认证。对运动员有最低成绩、标准测试分数及课程要求。更多信息请登录 www.ncaa.org 查询。

学费

学费无疑是决定上哪所大学的一项重要考虑因素。如果你和家人对你上大学的费用担忧，这也并不罕见，因为担忧这个问题的人数在稳定增长。上大学的花费包括：

- 学费
- 其他费用（活动、注册、图书馆和健身房费用）
- 食宿（住宿和饮食计划）
- 书籍及其他物品
- 个人花费（娱乐、洗衣费等）
- 交通（大学和家之间的往返费用，不管是回家住还是住校）
- 其他花费（运动、兄弟会/女学生联谊会）

很多学生在选择大学的时候会拖延就花费问题的讨论，但不能拖到你对学费不在你承受范围内的学校有了强烈偏好以后，这个问题很重要。不要害怕在大学申请过程的最初阶段就开始谈论你的经济状况，这样，在收到大学助学金计划后，你就可以不受限制地讨论哪所学校更适合你并且不会于你有经济压力。关于助学金的讨论见第七章。

录取标准/招生严格程度

了解一所大学的挑选严格程度或竞争激烈程度有助于你决定这所大学是否适合你。在这一章后面的部分我会谈到你该如何根据自己的条件确定备选学校组合。大学通常可以分为竞争性不强、有竞争性、竞争性强及竞争性很强四类。在选择目标学校的时候，你需要评定自己的条件（成绩、高中课程的难易程度、SAT/ACT成绩），从而比较大学的录取标准。大学的挑选越严格、竞争性越强，则你被录取的难度越大。

设备 / 技术水平

在评估大学的时候，你应该通过调研和参观来了解大学的设施。设施可能包括运动团体、场地、图书馆、宿舍、饮食、实体建筑及教室、校园的安全性以及最新科技的应用。所有这些校园设施会增加你对学校的了解，强化你对学校的体验。

如果你因为某所大学的体育设施或特殊领域（艺术、戏剧、舞蹈等）而考虑一所学校，那其运动场地或表演厅就应该是你最大兴趣所在。你在大学期间住的宿舍也会影响你大学生活的幸福程度。大部分新生宿舍都很小，但是随着年级增长，宿舍可选空间也会更大。大学校园饮食会提供几种就餐选择，当然取决于学校。如果你饮食上有特殊要求，比如素食或遵守犹太或清真饮食习惯，那就要确认一下学校是否能提供。如果住校，你需要选择一个用餐计划（通常是一天两到三餐，一周五至七天）。你或许听别人说过"新生15"，说的是有的新生在大学第一年因为无法抵制食物诱惑，无限制地吃而增重。

大学的实体建筑及教室设施能增加大学校园的美观及吸引力。在考虑大学的时候，你可能需要考虑一下从停车场或宿舍到上课主要的教室需要多长时间，以及大学的建筑外观是否合你心意。有的大学很漂亮，建筑风格复古，也有的比较时髦现代。这所大学校园是否正在维修？如果是，你能忍受建设期间的噪音和不方便吗？

校园安全最近几年变得越来越重要。在大部分学校校园参观环节，讲解人员会介绍大学如何保证校园安全环境，包括急救电话、晚上的护送服务、保卫或警察、锁宿舍门或其他措施。一般学校不会主动披露其犯罪数据，但

> **提醒**：一定记得问一下学校都有哪些安全措施，这样父母才会放心送你去这所大学。

是在了解学校的过程中,这是个要问到的重要问题。很多大学建立了跟学生的即时联系方式,通过手机或短信提醒学校可能存在的安全问题,让你能立即躲避危险。

很多大学都越来越多地用到最新科技。你想要了解哪些大学使用无线技术,宿舍和教室里有网络,是不是提供免费的电脑,或者可以低价租到或买到电脑。很多大学的教室里都有"智能控制板"用于教学,教授可以借此播放演示文件,必要的时候还可以连接网络。也有其他一些用到基于网络进行沟通的工具,比如数位教学平台(Blackboard)或模块化面向对象的动态学习环境(Moodle),可以实现学生和教授之间的互动。我最近参观了加州伯克利大学,有一点令我印象深刻,那就是它们很多的课程都有录像,学生可以舒服地在宿舍里学习。

家庭问题

离婚、生病这样的家庭问题在你选择大学的过程中也是参考因素之一。你可能梦想去其他州上大学,但如果你母亲或祖母生病了,那这个计划就不太可能。为了避免后期麻烦,在选择大学过程中考虑一些家庭环境及家人的想法也很必要。

残障服务

如果你在高中就接受过支持服务,那这样的服务在大学仍然必要。高中学校可能会让你延长考试时间,可以用电脑写论文或者配备阅读器、助听设备或其他一些设备。根据《残疾人教育法案》(Individuals with Disabilities Education Act,IDEA),如果你加入了《个人教育计划》(Individualized Education Plan,IEP)或《504方案》(504 Plan),就必须为你提供以上服务。上了大学以后,父母对你的法定监护权已经不存在,你需要为自己争取权利,这包括了解自己身体残疾的详细情况,为自己争取权利并为自己做决定。许多大学都有可供你使用的资源,但是你需要自己去了解,没有人会联系你。

在完成高中学习之前,你的父母可以要求开一个总结会,会上,你的父母和高中学校里一直帮助你的专业人士可以讨论一下你在大学都需要哪些服务。你需要接受当时（通常是一年以内）的心理教育测试（包括认知和学业测试），测试结果可以提供给大学。你还应该了解你身体残障的具体名称，包括注意力不集中症、学习障碍、身体障碍或其他类型的残障。这些残障会对你的学习和生活有怎样的影响？你是否能应付大学生活？是否通勤上学更好？

在大学录取过程中，不必告知自己的残障情况，除非你希望告知或申请的是残障学生特殊项目。但是一旦入学，你就应该跟残障服务办公室（不同学校有不同的叫法）联系，并跟这些专业人士坐下来讨论一下大学期间你有哪些需要。

很多大学都会提供某些类型的服务，也有的会根据你需要的服务类型收取更高的费用。有的大学是专为残障人士开设的，比如佛蒙特的兰玛克学院（Landmark College），该学校宣称是一所为有严重的学习障碍和注意力不集中症学生开设的学校。你也可以声明你不需要任何服务，自己就可以完全应付，但你还是应该告知你的教授，让他们了解你的残障情况。决定由你来做，但是在选择大学之前你应该了解自己的情况。

提供残障人士服务项目的学校：

艾德菲大学	曼哈顿维尔学院
美国大学	马里斯特学院
克拉克大学	米切尔大学
库利学院	穆思金格姆学院
霍夫斯特拉大学	罗切斯特理工学院
洛娜大学	圣托马斯·阿奎那大学，纽约州
兰玛克学院	亚利桑那大学
林恩大学	

海外学习项目 / 合作项目 / 实习机会

学生们通常会对海外学习项目或实习项目很感兴趣。海外学习项目能提供给学生拓展视野的机会，让他们在上学期间就有机会融入其他国家，在课余时间也能为自己赢得额外的经验。

在了解大学时，你应该看看这所大学是否提供海外学习的机会。大学和学校参观导游一般会说明多大比例的学生有参与海外学习的机会，但是在真正开始这些项目之前你需要了解更详细的信息，比如学生们一般能被自己的第一选择项目录取吗？是否需要会讲所去国家的语言？学费跟你在大学期间的学费一样吗？还会有什么额外花费？你会照常拿到学分还是这样的项目会延长毕业时间？大部分学校都会提供一些海外学习项目，在参考这所学校的声誉进行选择的同时，你还需要了解关于这所大学更多的信息。

也有的学校以合作项目而闻名，这样的项目可以让你在毕业找工作的时候有更大优势。合作项目能为你提供在校学习期间的在职工作经验。很多学校也会在学期间或暑假提供实习项目。在参观大学时，了解一下实习办公室的名声，以及学校是否有资源帮你找到合适的实习机会。

海外学习项目、合作项目及实习都能为你提供有益的大学期间工作机会，这对丰富简历、毕业后找工作都有很大帮助。

一些提供合作项目的学校：

德雷塞尔大学	罗切斯特理工学院
乔治亚理工学院	辛辛那提大学
约翰逊与威尔士大学	路易斯维尔大学
长岛大学	滑铁卢大学
凯特林大学	温特沃斯理工学院
东北大学	
佩斯大学	

我应该选几所备选学校？

一开始的时候最好多选择几所大学（15—20所），然后通过大学校园参观以及对本章所提到的所有因素的衡量，可以逐渐将备选大学名单缩小到合理的数量。如果你不讨厌住在其他地区，在选择备选大学时不妨视野开阔一些。

有的学生会选择 3—5 所大学，也有的会申请 12—15 所，大部分学生会介于这两者之间。如果你是个中等生，申请的是不那么严格的学校，那 3—5 所大学也足够了。如果你是个中等偏上的学生，选择的学校也较为严格或非常严格，那你可以多选择几所学校，最终学校名单里可以有 6—8 所。如果你是高四前 10%—15% 的学生，感兴趣的是申请要求特别严格的学校，那你可以申请更多的学校，最后名单上可以有 8—12 所（或更多），因为这类学校通常标准更为严格。

申请费用

申请费用可能完全免费，也可能要花费 75 美元或更多。如果有你特别想申请的学校，但你的家庭不能支付较高的申请费，跟你的指导顾问聊一下，看能否减免费用。通过参加标准化测试、发送成绩单然后申请这所学校，你可以享受申请费减免。在有的情况下，你的指导顾问可以以学校的名义给大学写一封信，要求减免费用。申请费用不应该成为阻止你申请大学的原因。

随着 CA 通用申请和 UCA 通用大学申请的投入使用，学生们使用这些程式化的申请方法越来越便利，有更多的学生会申请 15 所以上的大学。但是如果你申请这么多学校，就很难确保你对所有的学校都是审慎的，因为你没有时间在申请以前去参观所有的学校，而且有这么多学校要写自我陈述，你很难有时间写出详细的文章。在经济衰退期，学生们会申请更多的学校，因为他们不确定申请会不会受到经济环境的影响，也不知道其收到的资助能否顺利帮助自己上完自己想去的大学。

我是否需要各类学校都申请？

申请一系列学校来防范各种可能性是聪明之举，能保证你的名单上有几所未来四年能让你开心的学校。过去几年，许多指导顾问会用到安全大学、目标大学、期望大学来描述申请的学校分类。随着经济环境和人口条件的变化，所谓安全大学的说法已经不能保证，因为在大学申请过程中有太多不可控的因素。更合适的术语或为有把握或高把握大学（而不是安全大学）、可能或现实大学（而不是目标大学）、梦想大学或低把握大学（而不是期望大学）。

如果你平均申请6—9所大学，那就建议你在每个分类下都申请2—3所大学，要确定你名单上的每所大学都是能让你快乐的，而不仅仅是满意的，这一点很重要。这个概念之所以很重要是因为很多学生最后被有希望或希望很大的学校录取，然后发现那不是他们想去的学校，就会变得不快乐或失望。如果你能仔细了解每所大学，花时间参观一下学校，你的选择就会都很好，你的新生生活就会过得更丰富。很多学生把心思都放在其所期望的大学上，一旦被拒就会感觉完全崩溃。更健康的态度是你所有备选的学校都是你真正喜欢的学校。

> 不管是申请2所大学还是15所大学，一定不要申请你绝对不想去的学校。如果你申请的是非自己所愿的学校，那你可能就占据了其他申请人的位置，这对其他人不公平，你也可能因此损害了高中学校的名誉。如果一所高中很多学生都申请某所大学，但最终没有人去上那所大学，这所大学可能会根据情况拒绝以后申请的学生。

有把握或高把握大学

有把握或高把握大学通常是指你很有可能被录取的大学（有90%的可能性）。这样的学校应该是你会感觉舒服并且能取得学术及社交成功的学校。你应该了解这些学校的录取标准，并且你和指导顾问应该能保证你符合这些标准。

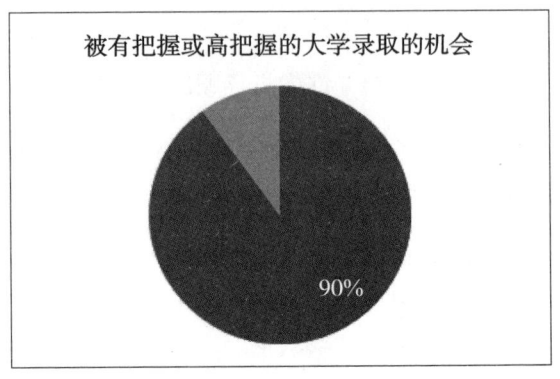

目标、可能或现实的大学

目标、可能或现实的大学是你被录取的机会较大的大学（有75%的可能性）。这类学校是你最可能上的大学，大学申请过程可能需要你花费更多心力。你可能会需要写更多个人陈述，录取的标准也更高，但都在第二章讨论的录取因素范围之内。这样的学校是对你来说最现实的学校，你可以真正融入学校，享受四年大学生活。

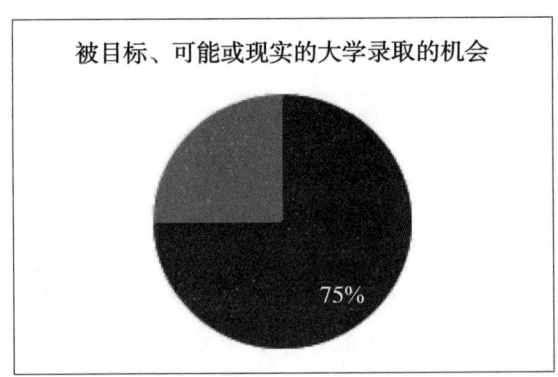

理想、梦想大学或低把握大学

理想、梦想大学或低把握大学可能是你完全没有把握的大学，因为这样的大学要求比较严。大部分申请人的素质都比较高，而且这样的大学除了看客观因素（成绩、SAT/ACT成绩、学业课程），还会看很多主观因素（个人陈述、课外活动、推荐信及其他一些因素）。因为竞争激烈，加之学校声誉很好，你被录取的机会很小（可能是25%）。这些不是你随意就可申请的学校，需要经过仔细了解。这样的学校有你期待的学术项目及校园生活，对有的学生来说，理想大学是常春藤盟校这类选择标准挑剔的私立大学，或公立常春藤大学；但对其他一些学生来说，期望大学也许是一所你听说过并想去的公立或私立大学。

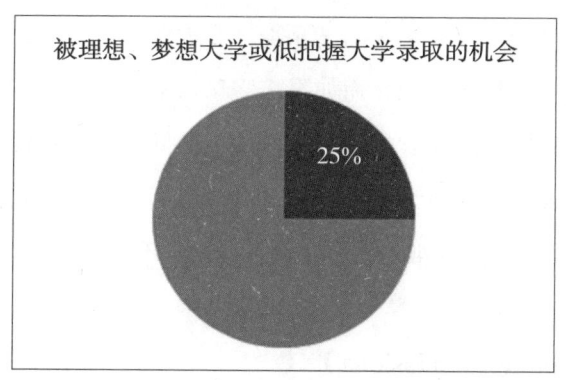

申请几所大学以及申请什么类型的大学要看你的学习成绩、财务状况及家人的意愿。很多学生和家人在列候选的大学名单时都不够现实，很多家庭在申请大学过程中都有"乐透心态"，认为他们的孩子会因为运气被大学录取，并且以为大学在招生过程中会忽略一些关键因素。这样的想法极不现实，申请未经合理选择的学校会是对时间和金钱的浪费。另外，如果你被你所期望的大学拒绝，也会很失望。而如果你展现出跟所选大学之间很好的匹配度，那你被录取的可能性会更高。仔细看一下所申请大学网站上的新生班级情况，你就会很好地了解一所大学是否适合你。指导顾问应该是你可以与之讨论自己的可实现录取机会的重要资源。指导顾问通常跟招生顾问关系很好，所以一定要听听他们的意见。如果他们觉得你不适合一所大学的学术环境，那你最好不要申请这所学校。

有哪些不同的录取计划？

不同的大学会有不同的录取计划，并依此设定不同的申请截止日期以及需要做的准备。在讨论不同的计划之前，首先需要说一下报到率（yield）的概念，以便于你更好地理解为什么会制订这样的计划。报到率是指一所计划招生的学校实际录取学生的比例,大学需要准确预测会录取的学生数量,这样其就有概念在初始阶段及初期决定阶段接受多少学生。因为环境(经济和其他条件)的变化,确定一所学校的报到率实际上是一件很有技巧的事,学校一般会采取各种策略来增加或调整其报到率。

如果实际接受学校录取的学生高于预期,有太多学生入校,就会影响住宿、班级大小并带来其他一些校园问题。而如果接受录取的学生太少,大学的学生数量就会少于预期,这也会影响到大学的预算和其他一些问题。那些没有招满的学校会利用候补名单(waitlist)(见第十章)来充实班级人数,或延长申请截止日期。有的学生会在不知情的情况下从实现准确的报到率控制这一不可预料的过程中受益。

滚动录取(Rolling Admissions)

很多大学实行滚动录取招生计划,学校不安排具体的申请截止时间,鼓励学生在夏末或秋初就开始申请学校。一旦有申请提交,学校就会安排审核,通常在4—6周内就可以收到审核结果。建议你尽早开始申请这些学校,因为它们的新生班级可能会很快就招满。申请滚动录取的学校没有什么负面影响,这些学校发出录取通知比其他学校都要早,而你也不必做接受录取的承诺。学生们很早就收到录取决定也会大受鼓舞,至少手上有了一个保底的学校。对这样的学校你一定要提前行动,所以,如果你对这类学校感兴趣,一定不要拖延。后期再申请这样的学校,录取标准会更严格。

一些实行滚动录取的学校:

阿拉巴马大学	纽约理工学院
亚利桑那州立大学	宾夕法尼亚州州立大学大学城
纽约城市大学	西顿霍尔大学
费尔利·迪金森大学	科罗拉多丹佛大学
印第安纳大学布鲁明顿分校	密歇根大学安娜堡分校

印第安纳州宾夕法尼亚大学　　匹兹堡大学
约翰逊与威尔士大学　　　　　罗得岛大学
堪萨斯州立大学
凯特林大学

提前行动计划（Early Action Plans）

提前行动有时候也叫优先批次申请，你可以在 11 月 1 日、11 月 15 日或 12 月 1 日就提交申请。这样的申请不具备约束性，你可能在 1 月或 2 月就收到录取决定，但是可以拖到 5 月 1 日才决定是否入学。有的大学也会提供提前行动的第二次机会，称为提前行动第二批次，截止日期更靠后。提前行动是我最喜欢的一种招生计划，也是最受欢迎的方式。你可以很早就获知自己的申请状态，这样就有充足的时间安排校园参观。提前行动这种方式已经变得越来越流行，因为学生们可以很早就得到录取的保障而不必做出接受录取的承诺。很多大学都采用这种录取方式，如果你能在学期刚开始就完成申请材料，那强烈建议你尽早开始学校申请。如果你不满足条件（不够学校录取标准），你就可能被拒或推迟到常规录取批次，然后在 3 月或 4 月收到最终录取决定。

以下是提供提前行动选择的一些学校。

部分提前行动大学名单：

艾德菲大学　　　　　　　　　　　　　萨福克大学
凯斯西储大学　　　　　　　　　　　　杜兰大学
古彻学院　　　　　　　　　　　　　　芝加哥大学
古斯塔夫·阿道夫学院　　　　　　　　康涅狄格大学
霍夫斯特拉大学　　　　　　　　　　　达拉斯大学
东北大学　　　　　　　　　　　　　　马里兰大学
罗格斯大学　　　　　　　　　　　　　马萨诸塞大学阿默斯特分校
纽约州立大学奥尼昂塔分校、纽博分校和石溪分校　　北卡罗来纳大学教堂山分校
　　　　　　　　　　　　　　　　　　圣母大学

限制性提前行动（Restrictive Early Action）

限制性提前行动，有时也叫单一选择提前行动，跟提前行动类似，只是对学生可以申请的其他学校有限制。根据每所大学招生计划的表述，有的学生可能不可以同时申请其他采用提前行动或提前录取的学校。基本上学生会在 12 月或 1 月收到录取结果。这些招生计划对每个学生的限制不同，但是它们有一个共同点——你不必做出接受录取承诺。你仍然可以等到 5 月 1 日才决定是否接受录取。如果收到提前行动录取结果，你可以立即接受录取，或者看看还有没有其他学校录取你再做决定。由于政策和实行提前行动招生计划的学校每年可能都会有调整，因而你要跟每所大学直接联系，询问具体要求。在本书编写的时候，波士顿大学、乔治敦大学、斯坦福大学和耶鲁大学都参与了限制性提前行动录取项目。

提前录取（Early Decision）

提前录取指的是你申请了一所你理想的大学后被录取，你确认接受录取。这是有法律约束力的书面协议，你的父母和指导顾问需要在协议上签字，确认理解并会遵守协议条款。提前录取的截止日期通常在 11 月 1 日到 12 月 1 日之间。有的学校会提供提前录取第二批次，给学生第二次承诺入学的机会，只是截止日期拖后，通常在 1 月份。通常情况下你可以再申请其他学校，特别是实行滚动录取机制的学校或有提前行动截止日期的学校。但是，如果你被提前录取的学校录取，那不管你是否收到了其他学校的录取结果，你都必须马上书面撤回对其他学校的申请。你在收到提前录取学校的决定的几乎同时，你会收到学校的助学金计划。只有在你收到的助学金不能满足你的要求，你无法借其补足大学花费的情况下，你才可以不受提前录取协议的约束。

如果你决定申请提前录取学校，会有三种不同的结果。第一个结果最让你满意也最清晰，也就是你被自己最理想的学校或是第一选择学校录取。这样的情况下，你必须撤回对其他大学的申请，不久可能会要求你交一定的保证金。其他两个结果是你可能直接被拒，或被推迟到常规录取批次，届时会对你的申请重新审核。在这两种情况下，你都不受提前录取协议的约束，可以申请别的学校，包括实行常规录取的学校和其他实行提前录取第二批次的学校（你的第二次提前录取机会）。以下学校是提供提前录取计划的学校示例，但你还是应该跟具体的学校详细了解，因为每年的政策都会变化。

提前录取学校示例：

美国大学	康涅狄格大学
波士顿大学	德鲁大学
克拉克大学	弗拉格勒大学
富兰克林与马歇尔学院	纽约州立大学杰纳西奥分校
明德学院	瓦萨学院
纽约大学	华盛顿大学
培泽学院	圣路易斯的华盛顿大学
波莫纳大学	卫斯理大学
欧柏林大学	威廉姆斯学院
纽约州立大学布法罗分校	弗吉尼亚理工大学

提前录取第二批次学校示例：

鲍登学院	利哈伊大学
布林代斯大学	玛卡莱斯特学院
布林茅尔学院	里德学院
卡内基梅隆大学	伦斯勒理工学院
克莱蒙特·麦肯纳学院	萨拉·劳伦斯学院
伍斯特学院	斯基德莫尔大学
戴维森学院	塔夫斯大学
埃默里大学	罗切斯特大学
格林内尔学院	范德比尔特大学
凯尼恩学院	华盛顿与李大学

常规录取（Regular Decision）

常规录取指的是学生根据每所学校设定的截止日期进行申请，大部分学校的常规录取截止时间是1月15日。通常你会在三四月份收到学校录取结果，然后你可以等到5月1日跟学校确认是否接受录取，并缴纳保证金。也有很多大学对没有申请的学生或没有被其他学校录取的学生提供春季和夏季申请截止日，第九章列举了部分这样的学校。

我应该提早开始申请吗？

学生和家庭经常会问的一个问题是："我是不是应该提早开始申请？"对这个问题没有简单或明确的回答，除非你说的是提前行动。只要按时准备，提前行动并不需要费很多脑力。

申请提前录取学校则会完全不同，因为提前录取申请是有约束力的，在申请提前录取学校之前应该考虑好，同时也应该了解提前录取学校还是有很多好处的。对那些了解过很多学校、确定他们的第一选择学校是最合适自己的学校的学生，这是很好的决定。提前申请可以节约大量时间和申请花费。但是，除非你真的喜欢那些学校，否则不要着急申请或觉得必须申请提前录取学校。提前行动能给你安全感，知道自己如果被录取了就可在秋季有学上，然后你就可以开始满怀激情地为大学做准备，只要别忘了高四剩下的课程就行。

提前申请的决定不应该草率做出，需要咨询家人及指导顾问的意见。申请提前录取学校不应该在有约束力的协议上伪造家长签名。父母需要同意学费支出，尽管在你提出的助学金要求不能满足时可以免除履行协议义务。

有的专业人士认为提前录取招生计划对那些不了解这一计划或没有足够的财力上他们第一选择学校的学生不公平。出于这一考虑，很多要求很严格的学校，包括哈佛大学、普林斯顿大学、弗吉尼亚大学都已经不再采用这一计划。

提前申请的主要优势是大家都知道的提前申请被录取的概率更高，采用这一计划的大学也会从中受益，因为它们通过这一批次通常可以招收到40%的学生。这对它们搭建理想的新生班级很有好处，并且能在招生最早阶段即得到资金安全保障。

以下图表显示了通过提前录取和常规录取所录取到的学生在数量比例上的显著不同，这些数据都是从学校网站上获取的，基本是在网站的"2012新生或班级情况"板块，或者可以搜索"公共数据表"（Common Data Set），这是获取关键信息很有用的途径。

大学名称	提前行动录取的学生比例（%）	常规申请录取的学生比例或总录取比例（%）
巴纳德大学	48	29
鲍登学院	30	19
哥伦比亚大学	22	7
康奈尔大学	37	19
凯尼恩学院	55	29
纽约大学	33	25
莱斯大学	30	18
斯基德莫尔大学	39	29
卫斯理大学	40	27
威廉姆斯学院	37	17
宾夕法尼亚大学	29	17

安排旅行：规划有价值的校园参观

　　一所小型私立学校，校园施工如火如荼，会增加一个图书馆、一个表演中心和一个停车场。

　　很大的一所州立大学，有40年历史的宿舍楼已经换成漂亮的新宿舍楼。

　　一所大型私立大学，导游在整个参观过程中一直后退着走，以便跟未来的学生和家长们有眼神交流。

　　正在去宣讲会的路上，停车位难找，还有一家人错过了宣讲会。

　　一所大型私立学校，导游在讲解一座建筑的历史意义。

　　中型的私立学校，宿舍很小，布局不规则。

　　这些或积极或消极的看法让你在参观大学期间对这所大学有了一个印象。参观大学是一场很有趣也很有教育意义的体验，也是大学申请过程中一个很关键的组成部分。这对你的家庭来说是一个培养感情的体验，也能让你更了解自己，并进一步了解自己对大学的期待。

　　如果你有一个很长的备选大学名单，学校参观有助于你缩短这个名单。一旦你踏进一所大学校园，就可以更好地了解这所学校是否适合你，以及你能否适应在这里度过四年大学生活。

你在参观期间有什么感受？

　　尽管在第一次参观过程中要考虑很多客观因素，也有一些不可见的因素，比如参观过程中的感受。常言说"眼见为实"，这就是为什么指导顾问会强烈建议你在申请学校之前先去参观。参观以后，你可能会决定选一所不在你名单中的学校，或者某所大学上升到你名单中的第一位。

很多学生受家人影响，宁愿选择离家 250 英里之内的学校。有的学生会进一步扩大自己的范围至 500 英里之内，也有的勇敢的学生会考虑离家 500 英里之外或在另一个海岸的学校。

如果一个家庭有足够的时间和财力资源，那去参观你经过认真考虑但离家很远的学校也是明智的做法。如果离家 250 英里以内有你感兴趣的学校，大学会希望你去参观。招生官会问学生为什么他们想来这所大学，很多大学申请都会问你一个简单的问题："是什么因素促使你决定申请这所大学？"（一所大型州立学校申请过程中的问题），并且"描述一下你最感兴趣的学校课程设置及其独特性？你认为这些兴趣点跟我们学校是否匹配？"（一所常春藤大学申请过程中的问题）。为了更好地回答这些问题，你需要写一下校园参观过程中的印象和参与的活动。

我应该什么时候参观？

如果你很早就开始了大学申请过程（九年级或十年级），那你可以在方便的时候就开始安排大学参观。校园参观越早越好，尽管也有很多学生在十一或十二年级才开始安排参观。

参观的最好时间是大学课程排得比较满的时候，这样你就可以看到大学最忙碌的状态。最好的时间是高三的秋季和春季学期，或者高四的秋季和春季学期。如果可能，在参观前要进行申请，查看每所大学的日程安排，因为不同大学日程安排的差异比较大。确保不要在学校休息的时候参观。不要在期中或期末参观，因为学生们会太忙没有时间跟你聊。大部分高中学校会理解你周中安排大学参观造成的缺课，但还是要跟学校确认一下。很多学生和家庭因为便利而喜欢周末参观，要跟招生办公室确认学校是开放的。但是只有少数课程周末上课，你可能没有办法体验实际课程。你还是可以跟学生们聊聊，除非周末他们大都回家了。

高三和高四之间的暑假是很受欢迎的参观时间，尽管那时候参观会有许多不足。

尽管很多大学暑假也有课程，但你看到的不是高峰时段的学校状态，所以不要让这一点影响到你对大学的看法。很多大学会将大学参观和暑假度假安排到一起，这样对整个家庭来说都很有趣。

如果不能在申请以前先参观学校，那就可以在高四安排参观。或者在接到大学录取通知以后再去安排第一次或第二次参观，有助于你决定到底上哪所大学。不管什么时候参观，可以将同一区域内的学校安排到一起。比如一个住在东海岸的学生在安排参观路线的时候可以同时安排波士顿地区、华盛顿特区、康涅狄格州地区、纽约州地区等。

就像找房子一样，找大学有时候也是很让人困惑的过程。建议最好一天参观不超过两所大学，不然它们会在你脑海里混为一团。做好详细记录是很好的办法。

我该如何安排参观？

不经告知就去参观大学并不是个好主意，大学衡量一个学生是否"对学校感兴趣"的途径之一是看你是否参加过大学宣讲会和学校参观，或者是否参加过大使项目（ambassador program）（在校园过夜）。宣讲会通常由招生顾问（admissions counselor）主持，讲述大学提供的课程、校园生活以及录取过程。校园参观一般是由在读学生组织的，很多人在讲解过程中会后退着行走，看他们后退着行走总是参观中的一大亮点！如果学校提供类似的大使项目，在学校度过一个周末是帮助你决定能否适应这所大学的最好方式。

做校园参观安排最简单的方法是在线预订参观。通常你会收到一封确认邮件，确认你预订成功。如果愿意，你也可以给招生办公室打电话。在学校过夜的安排可以通过目前就读本校的你的高中校友或者其他亲戚、朋友或熟人来安排。你也可以联系这些人来接你体验午餐或课程。

对参观大学有哪些提醒／方法？

为了安排有价值、成果丰富的参观，以下给出一些提醒和方法，在参观期间可以注意：

- 确保你报名参加正式的参观，这样招生办公室可以将你的参观视为"对学校感兴趣"。
- 跟导游聊一些与校园生活、学习及安全等相关的话题。通过非正式聊天，你可能会了解一些你在宣讲会上听不到的东西。
- 向你在咖啡馆碰到的学生问几个问题，到宿舍和校园转转。
- 不要为父母在参观中问的问题感到尴尬，那是很正常的父母行为。
- 每次参观都做好笔记，因为很快你就会把学校弄混。找房子的人会给房子或公寓录像，以便记住房间和布局；你参观学校时也可以这么做。
- 看看你高中校友有没有目前就读本校的，跟他们约见一下，有利于深入了解学校。提前预约好会面。
- 如果在进行校园参观时无法正式安排面试或大学不允许面试的话，非正式地跟你就读高中的大学招生代表（如果有）打个招呼。在参观以前，向指导顾问问一下大学招生代表的名字。
- 在宣讲会上不要问一些很基础的问题，比如"你们有多少学生？"在参观校园之前通过学校网站你就应该已经了解了这些基础问题的答案。
- 获得导游、宣讲会负责人的名字和邮箱地址，这样你可以表示感谢，将来有问题也可以进一步询问。
- 拿一些学校和当地的报纸，以便对一些问题有基本了解，对校园气氛有个基本认知。

> **当心未组织好的校园参观**
>
> 未组织好的校园宣讲或参观可能说明这所大学有严重的官僚作风需要突破，这可能会影响到大学注册或经济资助。我认识的一个家庭对一所大型公立大学组织很差的宣讲和参观过程很失望，以至于这个学生最终决定放弃申请这所大学。

- 参观学校书店，那里会出售教材、校园纪念品和其他物品。很多学生都会买点纪念品，比如T恤衫、运动衫、宣传横幅、泰迪熊或杯子。
- 参观一下附近的小镇或市区，看看附近有什么文化活动和购物的地方。
- 从招生办公室拿一些课程目录和其他资料。

参观学校过程中对家长的提醒

在参观过程中有一些家长应该注意的具体信息：

- 确保你报名参加正式的参观，这样招生办公室可以将你的参观视为"对学校感兴趣"。
- 在大学参观过程中尽量让你儿子或女儿来提问，这可能很困难，但你还是要控制自己。
- 向招生官要一下免费餐券，这样你可以了解一下学校的餐饮情况。
- 要记住参观过程中看到的宿舍不一定是大一新生的宿舍，有可能更漂亮、更新，你的儿子或女儿将来不一定会住这样的宿舍。
- 问问自己你是否喜欢自己的孩子跟其他在读的学生一样生活在这样的大学里，你比任何人更了解自己的儿子或女儿。
- 决定你的孩子乘什么交通工具回家，他或她放假或参观的交通会有问题吗，还是交通会很便利？有一个州立大学系统为相对集中的地方提供回家的大巴，价格也相对合理。
- 四处看一下是否有蓝灯系统、保安和警察，以确定这所大学对校园安全和学生安全的重视程度。过去一年上报的事故有多少？

我应该问什么问题？

你的很多问题都会在宣讲会或校园参观过程中得到解答，但是你可能会想透过一些表面的信息做更深入的了解，以便跟其他学校进行真正的对比。通过直接观察或问问题，你可以深入了解关于学习生活、校园生活、校园设施、周围社区的大环境等方面。父母也可以问一些问题，但是现在是你开始为自己争取权利的时候了，所以不要害羞，有什么想了解的就要去问。

评估学术生活

参观校园时你的一个主要关注点是要评估学业项目、政策和学校的名誉，包括教授的质量。以下是可以问学生、教职人员和招生官的问题，帮你确定这样的学术环境是否能满足你的要求：

- 学生在课堂以外的平均学习时间有多少？
- 你觉得学习对你智力上有挑战吗？（问在读的学生）
- 接触教授的机会多吗？他们会贴出办公时间并把邮箱地址给大家吗？
- 除了教授还有助教吗？
- 都有什么专业或课程项目？换专业容易吗？
- 指导顾问们是否知识丰富且容易约见？
- 注册上课容易吗？是在线注册还是需要排长队？
- 学生们不上课的时间有多少？要上你的专业必修课需要走什么流程？
- 鼓励本科生做研究吗？研究和实习的机会会公开发布吗？
- 如果你被某一专业录取，能否在大学内部不同专业之间调换？
- 学校什么专业最强，什么专业最弱，什么专业的资金最充足？
- 大学的评分政策是什么？
- 学生考入法学院、医学院和其他研究生项目的比例有多高？
- 想要继续待在学校或者某个学术项目或体育项目，有最低平均分数要求吗？
- 是否有新生保留项目（freshman retention program）以帮助新生在入学最初几个月适应大学生活的转变？

评估校园生活

大学校园生活和学术生活一样重要，如果你要住在校内，就需要获取关于住宿、伙食、社交及文化活动相关的信息。如果你通勤上学，需要知道哪里可以停车，并了解自己如何跟学校的活动保持联系。参观时，感受一下学校的政治和社交环境。

- 宿舍很宽敞还是很局促？宿舍是怎样分配的？是随机分配的吗？是否四年都可以保证有宿舍住？
- 有什么样的餐饮服务？饮食很好、一般还是很差？
- 这是一所走读大学吗？校园是否到周末就没有人了？停车条件如何？很多校园停车都是噩梦。
- 学生们看起来很开心还是很疲惫？
- 校园是否会举办什么活动？还是需要到校外参加社交活动？
- 有没有"同性联谊会"？多少学生会加入"女学生联谊会"和"兄弟会"？
- 大学有什么俱乐部和组织？能享受到宗教服务吗？
- 校园的政治气氛如何？
- 所有学生看起来很相似还是呈现出多样性？
- 校园是否每天晚上都有聚会？聚会每周四晚上开始吗？
- 学校对饮酒有什么政策？政策得到实施了吗？

评估校园设施和更大范围的社区生活

除了学术生活和校园生活，还要考虑校园的实体属性，以及附近社区的氛围。你需要考察一下实际校园是否处于无人监管的状态，还是有通过创新工程或新建筑来吸引学生的尝试。大学跟周边社区的关系可以增强学生四年的大学体验。

- 实际校园是否维护得很好？冷暖空调系统是否正常？宿舍是否有火警及灭火装置？

- 图书馆开放时间对学生们是否便利？大学都喜欢宣传它们有多少藏书，对很难借到的书是否有跨馆借书政策？
- 如果大学正扩建，能否看到正施工？正在建什么，预计什么时候完工？施工会造成什么样的混乱？
- 学校学生跟当地社区保持着什么样的关系？当地店铺或生意是否对学生持欢迎态度？
- 附近有没有什么文化活动，对学生是否价格较低或相对合理？
- 到最近的小镇或市里交通是否方便？大型的州立大学会提供到市区的免费交通。
- 大学校园的穿梭巴士是否够频繁，保证学生上课不会迟到？

参观校园回来后，不要忘了给参观时遇到的所有招生官写一封感谢信。波士顿大学网站会为参观大学的学生提供很棒的建议，会建议你在正式参观结束以后再停留一会儿，到图书馆、餐厅和其他感兴趣的地方随便走走。

大学参观可以进一步强化你的大学选择意愿。参观完成并了解了关于以上问题的答案以后，你就可以得到关于这所大学在你候选名单中的位置的很有价值的信息。在参观每所学校的时候，都应该问问自己："在我认为有希望或极有把握的这所大学里，我会开心吗？我不喜欢我的期望大学吗？现在参观完了我是否应该把它划掉，转而申请别的学校呢？"

做笔记表格

参观校园过程中有很多事情要看和做，所以最后会变得混乱，你可能会弄混参观的学校。在参观结束以后，要好好做笔记以便后期查看。以下表格能帮你对参观的学校做好记录。如果你是一个很有逻辑性且喜欢使用名单，愿意根据事实做出决定的人，你可以做得更详细一些，对每所学校都按照从一星（最低分）到五星（最高分）的等级进行评价。如果你是根据感觉做决定的人，可以简单记录下你的感受，或者仅仅是打个对号。每种方法都很可行。

使用五星评级或写下对每所学校的简单记录。

标准	大学 1	大学 2	大学 3	大学 4	大学 5
规模					
位置					
公立 / 私立					
学术项目					
学生多样性					
男女比例					
体育运动					
花费					
录取标准 / 招生严格程度					
设施 / 技术					
家庭问题					
残障服务					
海外学习项目 / 合作项目 / 实习机会					
附近城镇 / 市区 / 购物 / 文化活动					
你能适应这里的生活吗？					
你家人对这里印象如何？					
最喜欢这所学校的什么？					
最不喜欢这所学校的什么？					
整体印象如何？					

如何写出成功的个人陈述

> "个人陈述应该措词认真、简练、有深刻见解。你不必非要游过英吉利海峡或爬过珠穆朗玛峰才能写出给人留下深刻印象的文章,一些学生取得的最简单的成就,如果能直接并很好地阐述,就是最让人印象深刻的材料。"
>
> ——格林内尔学院入学申请办公室主任南希·J.马利

我在第二章里说过,个人陈述(personal statement)或文章(essay)会为你提供向阅读你申请材料的招生官表达自己爱好、兴趣和价值的机会。"个人陈述"和"文章"这两个词可以互换使用,指的是很多申请都要求写的长篇文章。也有的申请要求短小一点的文章。个人陈述对申请要求很严格的学校尤其重要。

个人陈述或文章的目的是为了体现你会写文章,已经为大学级别的学习做好准备,并表达从其他申请材料里不能轻易看到的东西。你可能还想直接或间接表达出为什么你想去某所学校,尽管这一信息也可以用一篇短文来表达。

就像上面引用的话所说的,个人陈述是你分享从其他申请材料里看不到的关于自己的信息和想法的一个机会。个人陈述不必多完美,只需要诚实反映你是谁,你有什么想法。

> 很多学生对写个人陈述很有压力,他们觉得确定文章的标题和写文章本身都很难,以至于有的学生会在线购买文章或让其他人代写,包括专业写手,他们收费会高达几百美元。不要这么干!专业写出来的文章很容易被发现。如果你的指导顾问能发现(通常可以看出来),那大学招生顾问肯定也会发现。

个人陈述是录取过程中很重要的一个因素，也是你能完全有把握的。多花些时间写个人陈述会得到很大的回报。如果你是个中等学生，一篇经过深思熟虑的个人陈述能在你刚好卡在录取标准线的情况下助你一臂之力。我认识一个学生，她的平均成绩和 SAT 成绩都刚好卡在分数线上，但是因为她的个人陈述写得热情洋溢，给招生主任留下了深刻印象，最后录取了她。一些录取要求很严格的学校对个人陈述也很看重，所以你应多花些时间写出一篇有洞见且有趣的文章。

大多数学生都听英语老师讲过，写任何类型的文章是都"要展现，不要直接说！"你的老师说的是对的！不要仅仅说你有很好的领导才能，而是要通过陈述你的经历来展现出来，比如你当哥哥或姐姐照顾孩子的经历，并解释这一经历何以在某种程度上激发并影响到了你。就像某位招生官说的，不必非要爬过珠穆朗玛峰或经历过什么创伤性的、彻底改变生活的事件才能写出成功的文章。谁不喜欢看《宋飞传》这部轻松的系列电视喜剧？这个节目不过讲的是生活中很日常、琐碎的一面，但正是这样的东西有时候才最有趣、最吸引人。个人陈述也是这样，关键不是你写的什么，而是你是怎样写的。文章有没有传达出你的想法、印象和经验？如果是，那你的文章就是有效的。了解你的人在读了你的文章之后会说，"没错，这篇文章写出了约翰·史密斯的本质"。

个人陈述通常在 500 字左右，大概一页篇幅。很多学生担心他们的文章少了 10 个字或多了 50 个字。大学招生顾问不会坐那儿数你写了多少字，大概一页的内容就好，可以稍微多一点或少一点，只要有趣，他们就会一直读下去。写个人陈述最好的时间是高三和高四之间的暑假。

对个人陈述都会要求回答哪些问题？

很多大学连续很多年都会使用相同的问题，其他一些学校每年或隔几年要换一下问题。大学申请通常每年 8 月份开始，到时候可以找到个人陈述的问题，除非大学采用 CA 通用申请（Common Application）或 UCA 通用大学申请（Universal College Application）。

CA 通用申请文章题目

如果你使用"CA 通用申请"（免费），那么"CA 通用申请"网站上的题目就是你的文章题目。目前有六个文章题目可供选择，你需要根据以下提示写出最少 250 字。

CA 通用申请文章题目	
1.	评述你的一次重要的经历、成就、冒险或面临的道德困境，及其对你的影响。
2.	讨论一个个人、地区、国家或国际事件及其对你的重要性。
3.	说明一个曾经对你有重要影响的人，并描述他/她对你产生了怎样的影响。
4.	描述一个曾经对你产生过重要影响的小说人物、历史人物或艺术、音乐、科学等创作性作品。同时描述它对你产生了怎样的影响。
5.	学术兴趣、个人观点、生活经验都能有效增加教育群体的多样性。说明你的个人背景，描述一个个人经验，由此说明你能增添大学的多样性，或者说明一个文化多样性的校园对你的重要性。
6.	自选题目。

ApplicationsOnline，LLC 公司的 UCA 通用大学申请的个人陈述限 500 字以内，文章提示是这样写的：

> 请写一篇能体现你在发展和沟通自己想法方面能力的文章（500 字以内），可以写的内容包括：你敬仰的一个人，一次改变人生的体验，或你对当下某个事件的观点。

可以看出，这些申请的问题类似，题目也十分宽泛，你差不多什么都可以写！

如果你选择通过 CA 通用申请或 UCA 通用大学申请进行网申，很多大学会要求你再额外写一篇文章，作为以上申请的补充。如果你不通过 CA 通用申请或 UCA 通用大学申请，可以使用大学自己的申请系统进行申请，前提是大学有申请系统。

给出的文章题目通常都很宽泛，这样你有足够的余地写你想写的东西，特别是如果你选择的是"自选题目"。强烈建议不要选择争议性太强的题目，比如政治、人流或同性恋权利，因为你不知道谁会读你的文章，他们是哪里来的。建议最好写你了解的事情，或者你感兴趣的事情。有时候最琐碎的日常生活话题是最容易写的，如果你能加入自己的解释最好。

大学申请文章题目：

以下列举一些可以写的文章题目：

- 个人疾病（糖尿病、注意力不集中症、肠炎——不要写太多疾病的细节，而是要写疾病对你学业和社交等的影响。）
- 明显的个人特点（个子太矮或太高、有雀斑、长着红色头发——这些特征通常很有趣；要重点写它们对你的影响。）
- 研究（你从暑假研究项目中学习到什么？）
- 实习（分享你在实习中学到的东西。）
- 暑假体验（说一下有趣的暑假体验对你的影响。这里要当心，招生官对国际仁人之家（Habitat for Humanity）或夏令营类的故事已经厌倦了，除非你能具体写出这一体验对你的影响或你的想法和信仰因之有了什么样的改变。）
- 书（不要写故事概述，而是要描述你跟某个角色的相同点或不同点，或者这本书如何影响或改变了你的观点。）
- 艺术、音乐、创造性写作（解释它们给你的感受，为什么它是你生命中的重要的组成部分。）
- 爱好（空手道、瑜伽、击剑——描述这些爱好带给你的感受或如何帮你建立了自信。）
- 体育运动（不要写成体育运动论文，除非是关于体育运动非常特别的方面。有个学生写的是他从整个赛季都坐在候补队员席上学到的东西。）
- 感兴趣的领域（可以写任何你感兴趣的领域，以及为什么感兴趣。）
- "宋飞传"类文章（选一些日常事件，比如鞋、巧克力牛奶、修正笔、雪花、做饭、作为双胞胎之一的体验、作为家里独生子的体验。如果写得好，有时候这些会是最讨巧也是最有趣的文章。）
- 工作经验（从作为超市收银员、星巴克雇员或鞋店销售人员的体验中学到了什么？）

招生顾问一年要读的文章没有上千份也有几百份。虽然你不是要取悦他们或给他们带来欢乐，但你写的文章应该能引起他们的阅读兴趣。特别是第一行，要能吸引他们的兴趣和注意力。本章后面部分对部分真实文章进行了点评。

尽管你的家人可能会跟你一起选题、阅读、修改你的文章，但招生顾问真正想看的是一个17岁孩子写的文章。换句话说，你要自己去写，不要翻词典。华丽的词不会打动任何人，而且一个17岁的孩子在自己的文章中用SAT词汇也不可信。如果你的SAT/ACT阅读部分的成绩得了800分，那你的文章可以比得500分的更加讲究一些。但如果你习惯用大词，那就放心去用，只要符合你的正常习惯就行。只要你的文章跟申请中其他书面资料一致，招生官不会认为你是从别的渠道借了词汇。而如果你的文章跟测试成绩比要好很多，大学会怀疑不是你写的。同时，要记住现在大学有能力比较你的个人陈述和SAT/ACT成绩，特别是它们对你文章的写作人产生质疑的时候。

招生顾问看重什么？

招生顾问们对个人陈述看重什么以及如何写出有效的文章给出如下建议：

"申请文章是抓住招生委员会的很好方式，能帮我们在更个人的层面上了解你。我们看重的是经过深思熟虑的想法，真诚地写出来，并能使用表达力及描述力强的语言来创作出一个生动的故事。同时，如果你遭遇过什么特殊变故，影响了你的学业表现，那个人陈述是你跟我们分享这一信息的机会。招生顾问面前摆着你所有的申请材料，你不必把参加的所有活动都列举出来，也不必说自己的成绩，而是要借这个机会说一些他们从成绩单里看不到的东西。所以写得个人化一些！当然，要多次检查拼写错误，保证语法使用恰当。还要确保你回答了文章的问题——不要太发散，显得关注点太宽泛。"

——纽约州立大学宾汉姆顿分校入学申请办公室主任谢里尔·布朗

> "个人陈述应该让我们看到为什么学生要来伦斯勒理工学院读大学,而且要告诉我们一些从申请材料里看不到的内容。例如,个人陈述是讲述你的核心价值理念或对特定领域的热情的好地方,也可以说一下个人性格,特别是通过参加某个组织体现出来的、对个人生活很重要的性格。一个学生在自己的个人陈述中提到自己经过努力获得美国女子童子军授予的金奖,之后被大学录取后会惊讶地发现,就因为这个金奖,她被授予了奖学金。个人陈述是列出那些值得招生顾问或助学金委员会关注的'不可见'因素的好地方。"
>
> ——伦斯勒理工学院外联处主任雷蒙德·卢茨奇

> "我真正想了解的是申请人的灵魂,换句话说,申请文章是发自内心写的吗?申请人是否回答了问题?申请人对所问问题是否给予了认真考虑?记住,那些全国或地区性会议上被招生顾问们评为最好文章的,大都是学生基于自己的经验和内心写的,写得也很好;我们需要听到写作者的心声。"
>
> ——斯卡斯代尔中学教务处主任、
> 库珀联盟学院助理招生与成绩办公室前副主任米切尔·汤普森

那我如何着手写呢?

现在你对都有哪些题目有了大概了解,那该如何着手写呢?可以向父母、亲人和朋友们咨询一下自己可以写的题目。如果能跟家人开一个头脑风暴会会更有用。需要抽出15—20分钟的时间,找一个安静的地方,所有人的注意力都集中到你和你的文章上。找个人做秘书,记录下所有的想法,而你和家人要在这段时间内提出尽可能多的想法。不要丢弃某些想法,你的工作是要想出尽可能

> **提醒**:写论文的时候,要安排头脑风暴来提出想法。提出尽可能多的想法,然后压缩,找到最合适的题目。要一次写完第一稿,让它发酵一两天,然后从新的角度重新审视你的文章,开始修改、编辑、查错。准备好后,给选定的几个人看看你的文章。

多的题目。头脑风暴结束以后，你要再看一下所有想法，这时候有没有家人参与都可以，进一步将题目缩小到 3—5 个。然后看看每个题目的优势，时刻记住本章前面提到的如何写出好的文章。不断思考这些想法，直到你找出自己认为个人陈述最好的题目。其他题目也可以留着用于写其他文章。

　　然后才是困难的部分——真正把文章写出来。最难的部分是第一句话，后面就会简单很多。我见过很多学生都一直拖着个人陈述的写作。不要把它留到最后一刻，你需要有机会编辑和修改。你可能需要强迫自己坐下来，先写出一稿。就像头脑风暴阶段一样，不要丢弃第一稿，而是尽管写下自己的想法。有的学生需要绝对安静的环境，有的需要背景音乐，比如电视的声音或听着 iPod。有的学生会先写出大纲，也有的会快速写完。不管哪一种方式适合你，都要尽量一次写完第一稿。然后让其慢慢发酵，先扔下一两天时间，不要管它，但你还是会想着它。之后再从新的角度去看你的文章，这时候就可以开始对其进行几轮编辑和修改了。最后一遍修改完以后，就要准备接受最严厉的批评了，包括你的家人、英语老师和指导顾问。对有道理的建议，都可以采纳。一定要确保你回答了要求的问题。也要记住不要刻意使用大词，要使用 17 岁学生的语气去写。那是你自己的文章，就像哈姆雷特说的，"要忠实于自己"。

如何让我的文章出类拔萃？

　　最大的压力是如何写出很棒（而不是完美）的文章。你该如何让自己的文章跟其他申请人的相比独树一帜呢？很多人的平均成绩和 SAT/ACT 成绩都差不多，论文是让你出类拔萃的黄金机会。如果你写的是能突显你的性格或你真正感兴趣的事，你的文章就可以成为申请材料的有益补充。如果你的文章写得真诚、有说服力、发自内心，就会看起来很好。如果你很好地传达了自己的印象、价值观以及对你来说重要的东西，那你就做了应该做的。不要太纠结于给人留下印象，因为会看起来不够真诚。就像我们的招生官建议的，要个人化，让招生顾问们看到你的灵魂。伦斯勒理工学院的雷蒙德·卢茨奇说："最终，描绘一幅关于你最优良品质的积极画面是文章的努力方向。理想的情况是，学生要展现出自己最好的个性，而不是试图写出一个伟大的哲学观点。"

如果你是个有趣的人，那写一篇幽默的文章就得心应手。如果你不是个有趣的人，就不要尝试幽默的写法。只要记住，文章写的就是你。即使你写的是你的祖母给予你的教导，也不要写太多关于你祖母的故事或历史，而是要说明白你从她身上继承了什么，从她的经验学到了什么，以及她对你的生活有什么影响。虽然听起来很自私，但重点应该一直在你身上。

使用描述性语言，并写出生动的细节。要记住，你需要用最好的开场语句来抓住读者的眼球，所以校订真的很重要。尽量保证一页篇幅，因为招生顾问们有很多文章要读。不要重复，尽量让文章首尾呼应。另外，以客观的眼光审视一下自己的文章也是个好办法。退后一步，让自己从读者的角度去看，这篇文章是否能引起你的兴趣？写得有激情吗？你对作者的个性和重点是否有了清楚了解？你是否捕捉到了其他申请材料里看不到的内容？不要执着于追求独特性，你的目标是为读者诚实地呈现你是谁。如果这些都做到了，你就成功写出可以取胜的个人陈述。

写个人陈述有什么注意事项？

在写个人陈述及回答其他一些要求的问题时，有一些一定要注意的事项。

一定要做到的事项：

- 一定要回答要求的问题；不要偏离标题太远。
- 要展现，不要直接说。
- 用具体的事例呈现你对学校的兴趣。
- 第一稿花几天时间发酵和思考。
- 反复多次修改、查错。
- 把文章给家人、英语老师和指导顾问看看。
- 用17岁学生的口吻去写。
- 分享你的学业表现受影响的一些挑战和妨碍因素。

- "为自己主张,对问题的回答承担责任。"——斯卡斯代尔中学教务处主任,库珀联盟学院招生与成绩办公室前副主任米切尔·汤普森
- 做你自己!

一定不要做的事项:
- 不要讨论太有争议性的话题。
- 避免陈词滥调。
- 在文章中不要写错大学名字。如果你申请的是罗切斯特大学,不要说,"……我真的很想去斯克兰顿大学,因为……"这样的错误会让你损失惨重,所以在修改的时候一定要仔细。
- 不要使用小花招,比如发送文章的同时送礼物或其他东西。
- 不要讲故事或过多地关注别人。
- 不要重复其他申请材料里有的内容。
- 不要雇其他人帮你写文章。
- 不要查词典,避免使用大词,除非你习惯使用大词而且知道它们什么意思。

要避免的一些话题:
- "避免写充满怒气的文章。"——(雷蒙德·卢茨奇,伦斯勒理工学院)如果你说你对干细胞研究资金的缺乏感到气愤,你的政治倾向可能会冒犯一些人。在文章中要体现热情,但是对你自己感到气愤而其他人可能有不同想法的问题,一定要当心。
- "避免写最终读完会让阅读的人对你留下不好印象的文章。有的学生会想让阅读者感到震惊或内疚。"——(雷蒙德·卢茨奇)如果你得了什么严重的病,不要让读者们为此感到同情。文章可以强调你如何克服了障碍。
- "避免写自夸或吹嘘的文章。"——(南希·J.马利,格林内尔)如果你赢过什么有名的比赛或竞赛,在强调自己的成绩的时候不要显得是在炫耀或表现得自负。

- "避免伤感或悲伤的题目，比如死亡、暴力、离婚。"——（南希·J.马利）。写悲伤的事情时要注意，顾问们会读到很多这样的文章，如果你的文章有什么独特的观点，你也可以尝试，不然最好避免很悲伤或压抑的题目。
- "不要假设招生官们想知道什么。"——（米切尔·汤普森）要真实写出对你重要的事情，不要选你认为阅读者会希望读到的题目。

如何回答简答题？

很多学生会写出一篇个人陈述后就将之用到大部分学校的申请中，特别是通过UCA通用大学申请或CA通用申请进行大学申请的学生。但很多学校还是会要求你按该学校要求提供补充内容，通常包括几个简答题（short-answer essay）。对这些简答题的回答可能是几句话，也可能是一两段内容。

以下是一些常见的需要简短回答的问题：

- "说一下你参加过的一项课外活动、志愿活动或工作（100—150字）"（ApplicationsOnline, LLC公司的UCA通用大学申请网申题目）
- "说一下你想上的专业或感兴趣的领域，以及你申请＿＿＿＿的原因。"
- "你认为自己会为我们学校做出什么贡献？"

你对这些问题的回答应该包含你大学期间想选择的专业领域。如果你非常想学心理学专业，那就直接回答。如果你知道自己对科学感兴趣，但还不能确定具体领域，那就直接写下你对科学的喜爱，再用高中你所做的与此相关的事情对你的兴趣进行支撑。有的回答可以更概括一点，只要表达出你对科学的大致热情就行。如果没有清晰的兴趣点也无所谓，但是一定要给出大概的兴趣范围，大学会理解你上了大学后也可能换专业，读大学期间也能几次更换专业。同时，你在这些短文章里提到的任何问题都应该包含在简历里（详情见第六章）。

该如何回答你为什么对某所大学感兴趣的问题呢？这是你展现自己对大学的了

解及兴趣的黄金机会。这是个很重要的问题，因为大学想看看你是否"对学校感兴趣"。它们希望借此了解如果你被录取，你是否会接受录取（还记得录取率的概念吗？）。回答这个问题最好的时间是你对学校做了了解并参观了校园后。招生顾问不想听到你说这所大学在一个很特别的城市，他们早就知道这个。他们想知道的东西具体来说是你对学校有什么想法。你可以讲讲你碰到的一个教授、上过的课或者它们的某一个特别的实验室，以及其他能体现你对大学了解的其他细节。不要给他们讲你认为他们想了解的事儿。对潜在的学校做出真实的选择，真正考虑一下你为什么想去那所大学。你和你的大学都想找到最佳匹配。你可能符合某一所大学的要求，但这所大学真的能满足你的要求吗？

其他一些简答题题目举例：

- "描述你曾经面临的挑战以及是如何克服的？"
- "描述你经历过的其他文化、社会或民族体验，说一下它们对你的影响。"
- "为什么上大学对你来说很重要？"
- "描述一项你的长处，以及它是怎样影响你的生活的。"
- "如果让你参加电视真人秀，你觉得哪个真人秀节目更适合你？"
- "你闲暇时会做什么？你有什么兴趣和爱好？"

这些题目可能比个人陈述更难回答且更有风险。他们要求你说明自己可能的缺点或一些很私人的信息。问题越有风险、越私人，你的回答就可以越丰富。有的学生会感觉被一些问题冒犯或吓着，但是也有其他学生会说："哇！这就是我一直在找的那种学校。"

简单看一下一所大学的简答题题目就可以让你了解一所大学是否适合你。该如何回答这些问题呢？好消息是答案并没有对错之分，你通过评价自己来得出答案，然后诚实作答。不要试图猜测招生顾问会想让你说什么，但一定要保证你的回答是清楚并切题的。对待这些问题要跟个人陈述一样，要花时间编辑和修订，并把它们给你重视的人看看。

还有一类简答题是"填空"题形式：

1. 如果我可以许三个愿，我希望_____、_____、_____。
2. 如果我能见任何历史或作品中的人，我希望见见_____。
3. _____对我很重要。
4. 我希望我可以_____。
5. 我希望招生委员会了解我的一点是_____。

以上类型的问题会受到有创造力的人欢迎，其他人可能会害怕。你可以轻松对待这些问题，它们也是招生顾问直接了解你个性的很好方式。

个人陈述示例及点评

以下四篇个人陈述是学生的真实文章，都是完整抄录下来的。每篇文章后面都有点评，以评价该篇文章是否符合上述提到的成功个人陈述的标准。要记住点评中的说法都是主观的，阅读者完全可以有不同意见。本章最后有各类文章清单。

个人陈述一

写这篇个人陈述的学生现在上了一所常春藤大学。这个学生对英语和创意写作很感兴趣。大家对他文章的期待比较高，认为他的文章会很有创意、写得很好。你可以自己先来判断。

　　每个人的生命中都会有这样的时刻，他必须回答一个考验自己性格的问题：如果你可以有超能力，你希望是什么样的超能力？这个假设性问题已经在未成年人中讨论了几个世纪，在操场上、树屋上以及随处可见的管道井里。这个问题的答案跟"Hanukkah"的音标一样多种多样。

　　有许多永恒的答案：会飞、隐身、喷火和控制大脑是一些经常被提到的最受欢迎的答案。人类从石器时代起就期望拥有这四项技能来应对生存最基本的问题——分别对应活动、打猎、保暖和繁殖后代。幸运的是，这些技能还能满足当今人们的需要，比如从高楼顶上救下美女，在无聊的人的专属俱乐部躲过那些夸夸其谈的人，破坏作恶者的冰宫，以及侵入敌人的大脑，防止他们将带激光眼的小猫放到我们无助的地球上。

但是我最想得到的超能力与此不同，其超常能力比常见的这些更强大。如果我有超能力，我会选择变成一匹斑马。

现在你可能在想，"斑马有什么狮子或长颈鹿或大白鲨不具备的本领吗？"若是单从原始能力上看，我承认斑马不会是我的第一选择。但是我不是一个唯牙齿和肌肉论者：我之所以选择斑马不是因为其超强的毅力，或其剧烈的撕咬和致命的踢力，或者它们会按"之"字形路线跑来躲避捕食者，又或者它们卓越的养育能力。我选择斑马是因为斑马身上有一种叫作风格的东西是其他动物缺少的。

斑马走进一个房间的时候，所有在场的生物都会停下自己在做的事儿，不管是人类、长颈鹿还是其他斑马。狮子虽然是丛林之王，但是斑马是丛林的灵魂。只是看一眼斑马就可以产生一些有趣的结果：各种马科动物都会跟斑马交配，以让它们后代的名字里都有能揭示秘密的"z"，这就产生了各种像斑马的动物——zorses, zonies, zeebrasses, 甚至 zeedonks 还记录在达尔文的"罪恶编年史"（raunchiest annals）中。罗思柴尔德勋爵曾经骑着一匹斑马拉的马车到伦敦去宣扬他是一个高贵的怪人而名噪一时。音乐历史学家间则流传着一个很有名的观点，即认为斑马是爵士乐背后的驱动因素。

尽管最后一个说法可能不是真的，但斑马有一种安静的特质，让其在所有哺乳动物中脱颖而出。这种安静的特质跟我有某种相似——这既不是我在某一天被看到在公共场合穿着一只白袜子和一只黑袜子，或者头戴一顶海盗帽，也不是我衣服兜里有一条毛绒蛇。我想应该是我有一种想脱颖而出的渴望，要按"之"字形前进而不是突兀地向前，这一点才是这种高贵的动物最吸引我的。

所以下次有问题需要你去解决，而你需要展现出个性中更棒的一面时，不要选择跟大家一样的超快、超强的人类2.0，因为总有一天我们会进化成那样：

还是变得更有条纹一些吧。谁说公正不是非黑即白呢？

个人陈述一点评

这篇文章被用作英语课堂上的范文，各学校都将其作为优秀文章的模板。文章写得很有创造性，组织得也很好。开头写得很机敏，吸引阅读者继续读下去。抛出一个问题然后回答是很好的技巧。作者用了描述性很强的语句和很有画面感的想象，以及关于斑马的细节。阅读的人可清楚地看出作者是个很有个人色彩、独立并有趣的人。文章让人很享受阅读，除了写作，很明显作者也很喜欢动物、科学和历史。文章呈现的是17岁学生的口吻，尽管他写的东西很复杂。阅读者会有一种感觉，认为写作人是个很有才华且会有美好未来的人。

尽管只是简单提到，但作者还是将斑马和自己联系起来。其他文章可能将学生的职业兴趣写得更直接，很明显我们从这个学生身上学到了一些新的东西，他是个充满热情、有创造力的写作人。毫无疑问，他做了所有需要做的。

个人陈述二

写这篇文章的学生现在在一所中等规模的公立学校读一个荣誉项目。她自称是一个营养学项目的候选人，这个项目是科学方向的。尽管她可以选择任何题目，最终她把关注点放在为什么她会选择追求营养学作为自己的职业上。

加入科学荣誉协会是我高三就想要实现的一个目标。我虽然成绩达标了，学习也很努力，但还需要一项课外的与科学相关的活动才有资格加入这个协会。后来我决定在附近一家医院做志愿者。一开始我有点紧张，因为我不了解在医院会有什么样的体验，也不清楚我将做什么类型的工作。后来经过几个星期的工作，我了解了医院的工作方法，在那个环境也感觉舒服了。作为志愿者，我是一个跑腿儿的，负责拿着病人的处方去药房拿药，去血库取血，或者做其他一些护士和医院工作人员需要我做的。有时候我会负责病历档案，整理病人的病历文件，也有的时候我会负责照看病人，帮他们拿杂志或办理出院手续，让他们能安全回家。我不仅了解到有人愿意去帮助他人是很重要的一件事，而且也了解到在医院工作的所有人就是一个大家庭的成员，每天忙忙碌碌上班下班，都是为了让病人过得更舒服、安心，知道自己的健康是有保障的。

有的人在医院做志愿者已经做了将近20年，我认为这些人是很专注的人，而我也从自己在这里至今已为时7个月、共80个小时的经历中学到了很多。这种帮助别人和在某项工作中努力取得成功的驱动力是我将来不管在任何环境下都会继续坚持的。大学毕业后，我希望能成为一名营养师，成为人类健康这一神奇行业的一分子，为病人制订满足其要求的饮食计划，教给病人们如何通过正确饮食来实现健康，如果不健康就教他们如何变得健康、长寿。过去几年我一直对营养学很感兴趣，对我来说，知道什么食物是健康的，什么是有害的是很重要的，这样我也能吃得恰当、健康，并终生保持这种状态。我会继续把好的习惯传达给我的家人，最终传导给我的病人。

在医院工作的这次机会让我了解了未来我会从事的工作是什么类型的环境，因为医院是营养师工作的场所之一。尽管我最早开始在医院做志愿者是为了能够满足科学荣誉协会的入会资格要求，但现在对志愿工作来说，每天开心地工作就是很好的回报，这里也是个可以与像我一样乐意帮助别人的人交朋友的地方，通过这种方式，我也可以了解自己未来的工作，知道自己可以帮助别人。所以这次体验不仅仅是离开学校、打发暑假时间，更是一次我将一直珍视的冒险体验。

个人陈述二点评

个人陈述二是一篇重点突出的文章，为阅读者讲述了申请某个项目的原因。文章条理清晰，并且是以一个17岁学生的口吻来写的。有说服力，发自内心，表达了在医院工作对她的影响以及对这个领域的工作热情。尽管文章开篇可以更有力度，有的表达也可以更形象，但个人陈述二可以称得上是一篇对其在营养方面的兴趣做出很好阐述的文章。

个人陈述三

写这篇文章的是一个双重国籍学生，他在英格兰出生，并在那里生活到11岁。他对作家这个行业很感兴趣，但是他也表达了对戏剧的兴趣。现在他在另一个州的一所大型公立学校上学。

英格兰的妈妈会这样教育孩子："好孩子表现在行动而非语言上。"在英国生活，我一直是一个举止得体的小绅士，尽管父母在我还很小的时候就跟我讲戏剧这种既要看到也要听到的艺术形式。在我小小的心灵某处，我知道自己想进入神奇的戏剧领域。

快进一下。我11岁来到美国，开始努力尝试融入这个文化完全不同的生活方式：没有下午茶，没有人玩板球，阳光灿烂而不是阴雨连绵！我记得坐在教室里，虽然一直想参与，但是却又退缩回来，时刻谨记我所受的家庭教育。当我被鼓励朗读约翰·斯坦贝克的《鼠与人》中的美国农场主的部分时，我看到整个班级都被我的朗读迷住了，我很好地表现出了斯坦贝克努力寻找自己在宇宙间定位的挣扎。他们不能想象我是如何努力从英国口音转变成美国西部农场主的口音的。从那一刻开始，整个高中期间我都成为戏剧小组不可分割的一部分。

除了在剧院表演，我也喜欢去看表演。几个月以前，我去看了一场音乐剧表演，演的是《流浪异乡》。这是令人生改变的经历。作者斯图有一句歌词是这样说的，"生活的错误只有艺术能够纠正"。这句话深深触动了我的心灵，也让我确定了自己的未来。我意识到我不仅仅想成为一个专业演员，更渴望在艺术世界留下我自己的印记，通过我创作的东西，而不仅仅是表演他人的台词。我的方向变得很明确：我想成为作家。

我的第一次真正的写作机会在2008年7月，那时候我回到_____，参加了一个艺术表演暑假项目。_____最近组织了一个学生写的10分钟戏剧比赛。我参加了，写了很多稿，最后写出了《詹姆斯的死》（后来名字换了），这是一个关于我们所做的决定对我们的生活有多大影响的戏剧。我提交了自己的作品，并被选为五个可以由露营的人表演、作者进行导演的作品之一。正当我认为这是我人生最辉煌的时刻时，我了解到_____出版公司要把我的作品列入其一个作品集，这让我现在还兴奋不已。

尽管我对这一成绩很自豪，我知道自己还有很多年去学习、去完成自己的艺术创作。我希望通过上_____大学来提升自己的创作技能。期待能开始一段必然要面对很多挑战和各种惊喜的征程。如果"生活的错误只有艺术能够纠正"这个说法是对的，那我希望自己能做出自己的贡献。

个人陈述三点评

英国俗语那一段很有趣，也是这篇文章很吸引人的一部分。阅读者能读到不同文化背景下的事情会感到很有趣。想象力生动，描述很好。很明显这个学生对写作和戏剧都很感兴趣。文章很清楚表达了作者要追求这一技能的意图，他跟阅读者们讲了自己的戏剧并受到出版公司的认可，但是一点也不让人觉得是炫耀。这是一篇充满热情的成功文章。

如果说还有什么可以提升的话，可以提一下学校的名字，可以详细说一下为什么这所大学能满足自己的要求。例如，可以提一下某个院系、某个教授的名字，或者你进入学校后想要加入的学校报社之类的内容。

个人陈述四

个人陈述四是另外一篇着眼职业的文章，说了为什么学生对商业这一领域感兴趣。目前这个学生在一所小型私立大学读荣誉项目。

在我13岁的时候，我生命中最想要的东西是一个限量版的可以在夜里发光的金刚战队水晶球。我家附近有一个店卖这个水晶球，但因为量太少，全世界只有一百个，价钱完全是天文数字。后来我了解到，这个店因为在当地卖金刚战队的装备卖得很好，就获得了产品垄断专卖权，也就使其可以随便涨价。对那时候年幼、天真的我来说，这不是问题，不管花多少钱，我都要买到这个收藏品。正当我打算倾尽所有攒下的钱来满足自己的愿望时，我的一个朋友告诉我一个叫"eBay"的公司。从那一刻开始，我的人生发生了彻底改变。

第一次登录 eBay 让我大开眼界。我发现世界各地有很多东西同时出售，对买家和卖家均可获得的这么多机会让我感到很惊讶。尽管我知道有很多东西在卖，但是没期望能找到悬挂在玻璃碗里的发光动画人物。所以没抱任何希望地，我搜索了这个少见的水晶球，让我感到惊讶的是，我的搜索找出来一个结果。加州有个人卖的正是我想要的东西，而其公开报价仅是我家附近商店价格的四分之一！我的惊喜难以言表，于是立即开始抢拍，一刻也不想再等。我跟一个"第二竞拍人"一起展开了智慧的较量（且不说网速和钱包厚度），那也是一个很有竞争力的对手。最后 10 秒钟我开出了最后的价格，希望能"搞定"抢拍。结果果然，10 秒钟以后，eBay 通知我我赢得了自己人生的第一次竞拍。"第二竞拍人"成为历史，现在我成了这个水晶球的所有人，价格只有我最初要付价钱的一半。一个星期以后，我的期待终于实现了，我长久以来疯狂向往的心爱之物终于寄到了。尽管拥有这个金刚战队水晶球的兴奋仅维持了短短几个月，但 eBay 带给我的商业迷恋至今还在。

当然，通过 eBay 买东西不总是这么简单。随着我第一次购买的成功，我对 eBay 公司的信心越来越大，eBay 成了我购买所有东西的首要渠道。我发现自己总能买到折扣很大的东西，对自己省下来的钱也感到很兴奋。但是有一次，事情进展没那么顺利。我有个旧手机不能用了，打算买一个新的。我在 eBay 上搜索了具体型号，并特别说明我想要一台没有用过的手机。后来我找到了一台价格合适的手机，就立即买了。几天后包裹到了，我很失望，感觉就像一支飞镖直戳我心。我买的手机是用过的，上面有划痕，还很脏，根本不值我花的价钱。eBay 第一次让我失望了。我立即采取行动，跟卖家联系，但是他说他发给我的是一部新手机。然后我联系了 eBay，向其举报了这一欺骗行为。几天以后 eBay 就赔付了我所有费用，而我受伤的心也完全愈合了。

我从这个错误吸取了经验，经过这一伤心的事件以后，我发誓在买任何东西之前都要认真了解所买的商品和卖家，而且当我要出售的时候，也会保证交易对买家和卖家都是公平的。现在我会认真向每位买家解释所出售的所有东西的详细情况，防止出现不必要的意外，并保证这个过程中每一步都让人没有不舒服的感觉。这一态度让我最近被 eBay 提升为超级卖家（Power-Seller）（eBay 对出售商品达到一定数量、好评率高的卖家授予的等级）。

在（大学名），我希望能继续学习我从 eBay 上已粗浅了解的纷繁复杂的商业领域，最终目标是为让这个世界更为高效而努力。我认为继续学习会帮助我成功确立自己的视野。有了我那些失败的消费经历，我尤其希望能在完全了解商业的金融运作的基础上，保证消费者是开心的。我相信只有（大学名）能为我提供实现自身目标的知识和技能，我的目标是能为每个人按照他们的想法提供他们想要的原厂手机和金刚战队水晶球。

个人陈述四点评

个人陈述四是一篇经验型文章，清楚地描述了这位学生对在 eBay 上交易的热情。这个学生很早就对商业产生了兴趣，并通过其生意的发展而兴趣逐步增长。通过联系自身经历，阅读者对这个故事会产生兴趣，但是重点还是留在这位学生所采取的行动和做的决定上。这是个私人化的故事，能让你了解他的进取精神，这正是商学院所需要的。讲的是不断成长的经验，他从错误中学到了重要的东西。文章开头就很吸引人，并且写作者做到了首尾呼应。文章组织得很好，写得很有热情。可能不是所有人都喜欢金刚战队，但这不是本文的本来意图。一个 17 岁学生的热情一直在文中闪耀。

评估你自己的文章

通过读其他人的文章，你可以明白什么才是好的文章。要记住文章是主观性的，一个阅读者喜欢的，另一个可能一点都不喜欢。你的文章应该是原创的，只要回答了要求的问题，什么样的话题都可以。个人陈述应该诚实反映你是谁、你在想什么。通过写文章，你可以获得一个给招生顾问讲述其他申请材料里没有清楚表达的东西的机会，也是你为自己宣传的机会。以下清单可以帮你评估你的个人陈述和其他为大学申请所写的文章。

评定级别：

☺ = 需要修改

☺☺ = 写得一般

☺☺☺ = 写得很好

☺☺☺☺ = 写得非常好

文章清单	
标准	**评价** ☺-☺☺☺☺
文章开篇是不是能抓住眼球？	
是否做到了"要展现，不要直接说？"	
是否使用了描述性的语言，给出了生动的细节？	
是否进行了编辑、修改和校订？	
文章是否表达出了你的经验、印象和信仰？	
是否回答了问题？	
是否脑子里装着阅读者？	
是否是17岁学生的口吻？	
是否给选定的几个人看过？	
是否清楚表述了你的兴趣或热情？	
是否是发自内心写的？	
是否组织得有条理？	
对文章整体印象如何？	

包装好自己：申请的基本要素

"按时申请，不要等到最后一刻。学生自己填写申请表格很重要。家长可以提醒学生填写申请表格，但不是所有的体力活儿都要父母去做。学生应该完整回答个人陈述问题和其他问题，如果有什么他们想让大学知道的，应该想办法告诉大学。向招生委员会尽可能提供最好的信息是获得期待结果的最好方式。"

——昆尼皮亚克大学副校长、招生办公室主任琼·艾萨克·莫尔

大学申请是你高中至今所有努力的积累，是一种向招生官讲述自己的情况、让他们对你的成绩做出综合评价的一种方式。如果完成得准确、完整，招生材料就可以准确反映你是什么样的人。

申请分很多部分，本章将说一下申请的各个要素、不同类型，以及什么是有效的申请。

大学申请都包含哪些要素？

申请是由很多部分组成的，应该能传达出关于你是谁以及你的想法的清晰、统一的信息。每个要素都要仔细准备，形成有意义并完整的信息组合。

- **个人背景**：列出你住在哪儿、你的联系方式和电子邮件地址，以及关于你的家庭和教育背景的信息（用于数据统计目的）。
- **未来计划**：列出你选择的申请计划（提前行动、提前录取或常规录取），不

管是涉及助学金申请，还是涉及你的期望专业以及职业规划。

- **学业背景**：包括你上的是什么高中，以及你高四所学课程等信息。
- **测试成绩**：列出你的 SAT/ACT（见第二章）考试时间和成绩（见本章中关于新的评分报告政策的内容），有的情况下，还需要提供大学预修课程/国际预科课程成绩（见第二章）。[这一信息是 UCA 通用大学申请（本章后面会提到 UCA）和其他一些条件非常苛刻的学校要求的。] 正式的考试成绩必须经由大学委员会或美国大学入学考试发出。
- **荣誉、课外活动和工作经验**：完成实际申请要求的这部分信息，同时你也可以单独提交一份包含你课外活动、荣誉/奖励、工作/暑期经验的简历。
- **个人文章**：这部分包括简答题和个人陈述。你可以复制粘贴文章，或者将你的文章作为在线申请的附件上传。纸质的申请可以附上打印的个人陈述。
- **多媒体信息**：多媒体信息是 UCA 通用大学申请的一部分，可以将视频、一系列文件或报刊文章等你希望提供的信息进行提交。
- **其他信息**：利用这部分添加任何你想让招生官了解的内容，包括可以为自己开脱的情形，上过的双课程学校，解释成绩中的一些不规则变化，上传的简历，个人病情及其他一些内容。
- **奖惩情况**：说明你是否曾被停学、退学、开除，是否有犯罪记录。如果以上问题有回答"是"的情形，将要求你提供解释。你高中的指导顾问也需要在"学校报告"上回答这些问题。如果你受过某种类型的惩罚，那要跟家人和指导顾问讨论一下如何回答这些问题。不要隐瞒信息，因为一旦被发现你的申请中有不真实或不准确的信息，你的申请就会被拒绝。
- **签字**：申请资料在签字部分要手写签名（纸质申请）或电子签名（网申）。签名即视同你同意申请材料中的内容均是准确、真实的。签名前你应该仔细检查申请材料，保证所有信息均是准确的。
- **附加信息**：如果你是通过 CA 通用申请或 UCA 通用大学申请，要看一下你所申请的学校是否要求附加信息。登录网申账户以后，很容易看到是否学校要求附加信息。附加信息可能会包含专业信息、录取截止时间（提前录取或常规录取），以及额外的文章要求。

- **学校报告：** 由你所在学校的指导顾问填写。可能会要求你签字并声明你放弃获知教学顾问、老师评价和其他信息的权利。《家庭教育法案》(The Family Education Right) 和《隐私法》(Privacy Right)（FERPA，《家庭教育权利与隐私法》）赋予公民获取自己被评价信息和其他信息的权利，除非你要读的大学不保留学校报告或你放弃权利。跟指导顾问确认一下你该如何回答这些问题。很多老师和顾问不希望学生看到他们写的评价信，也有的在你要求的情况下愿意跟你分享。学校报告上的其他信息包括你的平均绩点、课堂最高平均绩点、考试成绩、对你学业或个人品格的打分，以及评估或推荐信。

- **老师推荐信：** 有些学校的老师会填写这个表格，也有的学校仅把老师的意见作为附件附在表格后。跟你就读的高中确认其采用什么政策。就算表格没有填写，大学一般也不会有什么意见。再强调一遍，你可能会被要求签字，确认自己是否放弃看老师的推荐信和打分的权利。

- **艺术类学校、在家教育及体育类学校补充申请：** 在你提交附加材料申请作为运动员或说明曾经接受在家教育的时候填写这些表格。

- **成绩单：** 对申请的所有学校都需要发送一份正式的成绩单（带正式签字和盖章）。有的高中会替你发送申请材料，也有的高中要求你自己发送。跟你就读的高中确认具体要求。

- **学校情况：** 你就读的高中会向你申请的大学发送一份学校情况，其中包含你所就读高中提供的课程，高四班级学生数量，成绩分布及/或SAT/ACT成绩，被四年制大学录取的学生比例，班级排名（如果有），以及其他能帮助大学了解你就读高中的重要信息。

- **期中报告（Midyear report）：** 期中报告是CA通用申请和UCA通用大学申请要求的表格，但不是每所大学都需要。有的大学有自己的期中报告表格，作为申请的一部分。这份报告包含关于你平均绩点的最新信息，你的高四第一个成绩，有时候还有关于你高四学校进展的最新情况。你需要自己确定哪所大学要求这些表格，然后提交给你的指导顾问一份签字的表格。

- 期末报告（Final report）：期末报告是 CA 通用申请和 UCA 通用大学申请要求的另一个表格；有的学校有自己的表格。它跟期中报告非常类似，但是这份报告只会发送给你要上的那所大学。跟这份报告同时发送的还有你的最终成绩单，然后会核实你的高四成绩。

如何回答选答题和文章？

并不是大学申请上所有的信息都是必填的，有一个最常见的问题是"你还申请了哪所学校？"或者类似于"我们在你的申请名单上排什么位置？"有的顾问认为这些问题根本就不用回答，因为可能对你不利。如果你列出了备选大学名单，大学可能就此认为它们不是你的第一选择，就算你被录取了也不会接受录取。所有大学，特别是竞争激烈的大学，都希望它们发出去的录取通知能被接受，以提高其录取率，从而提高学校排名。最好的建议是列出几个你正在申请的跟这所大学同级别的学校，或者根本不理会这个问题。招生顾问的管理方——全国大学招生咨询协会已经修改了对这一问题的推荐做法，所以很可能以后这个问题会从大学申请材料中消失。

还有一些选答问题，包括你的婚姻情况、民族、出生地和服兵役情况。你可以自行决定是否回答这些问题，有些信息是用于数据统计目的的，如果你觉得回答这些问题对你没有什么好处，那就算不回答也不会有什么坏处。

有的大学有选答型简答题目，这些你应该回答，以便招生顾问们获得更多关于你的信息。很多申请材料里也会包含一个"额外信息"部分，你可以添加申请中其他部分没有直接问到的、你希望招生顾问在评估你的申请时能考虑的信息。

我该如何检查并发送成绩？

很多大学都希望收到考试组织机构、美国大学委员会或美国大学入学考试发送的成绩。你高三报名参加考试时，需要在 www.collegeboard.com 或 www.act.org 注册一个账户，账户创建好以后，你就可以报名参加考试并在考完后查看成绩，并把成绩发送给大学。考试成绩通常会在考完两周半后发送,也有一部分成绩需要再等等。你可以在线查看成绩,或等待纸质的成绩单。你就读的高中

> **提醒:** 很多学生会忘了发布成绩。要知道大学没有收到完整的申请材料是不会开始审核你的申请的。

也会收到你的成绩单,有的高中会把你的 SAT/ACT 成绩放在学校成绩单上,有的不会这么做。

如果你在报名考试的时候要求把成绩发给大学,开始的几次成绩发送是免费的,发送超过 4 份以上的成绩单,或者你在考完后数次公布自己的成绩就需要收取一定费用。公布成绩是最首先要做的,不要忘了这一步。

对发送成绩有什么要求?

美国大学入学考试的成绩发送要求一直没有变,要求很清晰。学生必须设定好成绩发送的日期。如果你 4 月份和 6 月份参加了 ACT 考试,那你必须要求把 4 月份和 6 月份的成绩分别发送。你可以选择发送哪个成绩,但是要知道有的学校会要求你提交所有 ACT 考试成绩,所以仔细阅读每所大学的成绩发送要求,这一点很重要。

美国大学委员会对 SAT 有新的政策要求,叫作"成绩选择"(Score Choice),这一政策是从 2009 年 3 月的 SAT 考试时开始生效的。成绩选择说的是学生可以选择他们希望提交哪次考试的推理测试成绩以及哪个具体科目测试的成绩。如果你一次考试同时参加了化学、数学和文学科目的测试,那你可以选择在看到成绩后全部不发送、发送一个、两个或全部三个成绩。如果你在 3 月份和 6 月份都参加了 SAT 推理测试,对 3 月份的考试成绩不满意,那你也可以不发送整个 3 月份的成绩。

成绩选择的问题是,指导顾问们和招生顾问们认为这一政策对有钱的学生更有利,他们可以随意参加 SAT 考试,比如考五次,但是只发送其中两次考试的成绩。同时,反正大部分大学都会取你批判性阅读、数学和写作的最高分,而且它们也想

看到你的成绩在进步。

尽管这项政策的本意是要减轻学生的压力,但实际上反而增加了这一过程的紧张感。学生们需要策略性地考虑该发送哪次成绩,还有的大学不接受这样的政策。哈佛大学和芝加哥大学这样的学校表示其会尊重成绩选择这一政策。也有的大学说其不赞成这一政策,它们想看到所有考试的所有成绩,包括耶鲁大学、波莫纳学院、哥伦比亚大学、康奈尔大学、南加州大学、斯坦福大学、宾夕法尼亚州大学、克莱蒙特·麦肯纳学院。在写这本书的时候,大学们还在建立自己的成绩选择政策,要跟你的指导顾问们询问或直接查询大学网站了解相关政策。

根据美国大学委员会的规定,使用成绩选择政策并不收取费用。你在发送成绩的时候要选择成绩选择选项,默认的选项是你发送一次成绩的时候,所有之前的成绩都要发送出去。最好的行动方法是仔细看一下大学网站,跟招生官确认每所学校是如何对待这一政策的。在发送考试成绩之前跟指导顾问确认一下也是个好主意。

我还需要提交补充材料吗?

如果你想上一所大学的创意性或艺术类专业,通常会要求你提交所选择专业领域的补充材料,录取决定必须由招生官在成绩、标准化测试成绩(如需要)及其他因素的基础上做出。如果你对音乐、音乐剧、戏剧、表演或舞蹈感兴趣,那你需要参加面试,来对你在那一领域的潜力做出评估。对你感兴趣的学校,要分别了解其各自的要求以及学校面试的截止时间。

如果你对艺术、电影、建筑或者创意写作或戏剧写作感兴趣,那你需要提供申请包形式的补充材料。如果你想学习室内设计、图像设计、市场设计、插画、摄影或其他艺术领域,可能会需要特别的申请材料。

如果你在高中学习过艺术类课程,可以跟艺术老师或艺术从业人员共同完成你的申请材料,但可能需要因此交一定的费用。对于是否要提交原创的艺术作品、幻灯片、CD,是否有尺寸限制、所用媒介要求及截止日期,每个学校的要求不同,申请材料通常包含三项内容：

- **观赏性艺术作品**：展现你绘画能力的作品
- **个人艺术作品**：非正式的、不是在课堂完成的素描或作品
- **家课式测试**：有的专业会要求你在规定时间内完成特定的作品

不管是否提供了原创的艺术作品、幻灯片、CD，需要包含一份描述你所有提交内容的清单。你需要列出作品的名称、完成日期、所用媒介（炭笔、水彩、雕刻等）。

因为还有额外的材料要求，艺术类学院的截止时间通常比文理学院或其他类型的学院要晚。为了准备申请材料包，你可以跟艺术老师一起准备，或者上一些材料包准备的课程，或者在当地大学上一些继续教育课程，也可以参加当地博物馆或艺术学校的预科暑假项目。

有两个组织会在你申请材料准备过程中给你反馈：

- 全国作品审查日协会（NPDA）
- 全国大学招生咨询协会表演与视觉艺术大学巡展（PVA）

全国作品审查日协会从1978年开始就为学生提供由代表全国艺术和设计类院校协会（National Association of Schools of Art and Design）的学校专业人士对学生的作品进行审查。此类活动每年9月至次年1月由大学和艺术类学校在全国各地举办。不需要提前报名，也不用交纳费用。对近期活动举办事件，可以登录www.portfolioday.net。

全国大学招生咨询协会表演与视觉艺术大学巡展由全国大学招生咨询协会赞助，是专为对艺术、舞蹈、音乐、戏剧和相关领域感兴趣的学生举办的。此类巡展每年9月到11月在全国各地城市举办，你可以跟招生官面对面了解一下需要准备的材料包、面试和招生要求。今年的活动详情可登录www.nacanet.org/EventsTraining/CollegeFairs/pva/Pages/default.aspx。

通过提交补充材料，你向招生官提供了关于你其他方面的信息。建议你参加一下这些全国性的活动，或者也可以参加由大学自己组织的申请材料审核，如果你申请的大学提供这样的机会的话。

有什么加快申请的方法？

申请过程伴随很多细节。你应该遵循高中学校指导办公室制订的日程，因为高中制订的申请流程可能完全不同。在有的学校，顾问办公室负责审查和寄出申请材料，学生的申请材料可能单独或打包一起寄给每所大学。也有的学校让学生自己邮寄申请材料，指导办公室负责寄成绩单、推荐信和学校简介。你应该在实际申请截止日期之前2—4周就将所有申请材料交给指导办公室，让顾问们有时间把所有材料整合到一起。

> **提醒**：很多高中指导办公室通过电子邮件、学校网站、家庭邮寄或指导办公室张贴的通知跟学生联系。要注意所有的东西都不能落下，你有责任了解指导办公室发布的所有信息，因为其中会包含整个申请过程的关键信息和截止日期等信息。

以下几点建议可以让整个申请过程更高效：

- 整理好资料。用文件夹或折叠式文件夹将每所大学的联系方式、大学参观确认函、酒店确认函、所有申请文件分别整理好。
- 检查你的邮箱地址是否易于使用。如果不确信，就专门申请一个用于大学申请的邮箱，并经常查看邮件。
- 如果你不够18岁，要确认申请材料上除了你的签名是否还需要父母签名，不同的学校会有不同要求。
- 不要等到最后一刻才请老师写推荐信。给他们足够的时间来写推荐信，如有必要，把提前写好地址并盖好邮戳的信封给老师，便于其直接寄给学校。告诉老师你希望他们直接寄给学校还是给指导办公室。

- 检查自己是否说明了要放弃看推荐信及申请材料里包含的其他信息的权利。

是否要提供社会保障号?

随着对窃取身份信息的关注越来越多,很多大学现在已不要求提供社会保障号。如果你对此关注,可以核对一下申请要求,只要没有要求,就不必提供。可以问大学是否可以用你的出生日期代替社会保障号。在大型的大学,学生重名的现象并不罕见,所以要写上中间名或姓名的首字母和生日来加以区分。

- 保留申请资料副本,特别是文章和简历。要打印出来,防止电脑崩溃时再也找不到这些资料。把资料保存在闪存盘上,以保护好申请数据。
- 网申时要记下用户名和密码,所有申请尽量用同一个用户名和密码,这样不容易忘记。我见过很多学生因为不能登录账户就慌了。要重新找回这些信息会浪费很多时间。
- 如果你不是网申,申请材料填写应该整洁,没有删改痕迹(用涂改液是允许的)。应工整填写或打印。把申请表格原文件复印几份,填写没有问题以后再用原件。很多申请表格都可以在线下载,所以如果需要可以重新打印。
- 将所有需要的表格都打印好后交给你的指导顾问,包括学校报告、老师推荐信表和期中报告。

专家的申请提醒

"要做你自己。真实性很重要。我们希望从一张纸上了解每个真实的活生生的申请人。你所提供的所有能显示你个性的、能让你的申请'更生动'的申请材料都有助于我们更好地了解你，做出更好的决定。"

——马卡拉斯特学院招生及经济资助办公室主任洛恩·罗宾逊

"要真实地呈现自己，而不是尽力去迎合大学想要的东西，花时间想想如何才能把自己的故事讲述得更能反映你是谁，你能给大学带来什么。讲述得精彩就很容易抓住要求严格的学校的招生官的眼球。记住要尽量修改，减少因为粗心带来的机械错误。"

——里德学院招生办公室主任、教育学博士保罗·马瑟斯

"做好功课！确保你在申请这所学校之前做了认真了解，确信这会是一个适合你的学习环境。另外，要跟着我们的要求做。我们会花时间制订出申请流程，如果学生能尊重这个流程并尽量按要求来，结果会不同。"

——纽约理工大学招生服务处副处长杰奎琳·尼伦

申请清单			
项目	是	否	备忘
是否记下了用户名和密码？			
申请材料上签名了吗？			
父母在申请材料上签名了吗（如有必要）？			
邮箱是否方便使用？			
是否请老师写了推荐信？			
我知道申请截止日期吗？			
是否打印了所有需要的表格？			
是否复印了申请表？			
是否按时提供了所有材料？			
现在申请表填完了，我是否能把我的材料整理好？			
是否给所有要申请的学校都发送了SAT/ACT成绩？			

如何设计自评表 / 简历？

自评表，也叫简历，或课外活动表，是通过列出你参加的所有活动来体现你的兴趣及领导才能的一种方式。简历通常1—3页长，会重点强调你参加过的俱乐部、组织、工作和暑期经验以及参加过的社区活动。你也可以列出所有获得过的荣誉和奖励，包括荣誉协会、体育类获奖，比如最有价值球员或进步最快球员、学科奖励、参加过的比赛、竞赛，及其他一些成绩。

> **提醒**：有的大学会核实你在简历上列出的活动，所以不要有任何夸张自己所取得成绩的企图。

简历应如实反映你从九年级以来在校内和校外参加过的所有活动，包括你打算在十二年级继续参加的活动。简历中需要体现出所参加活动的进展以及你对某一两个领域的兴趣，比如科学、数学、社区服务、领导力、音乐、写作等。如果你能这样来做，需要确定一个统一的主题，将你参加的所有活动串联起来，以便你参加的任何一个活动或俱乐部都变得有意义。举例来说，如果你对科学有热情，那在中学科技节当裁判、参加科学竞赛、在学校创办科学研究俱乐部以及对同龄人进行科学方面的指导都跟你的兴趣有关。如果你没有明确对什么东西有热情或感兴趣也没问题。

有的大学希望你对所参加的活动进行排序，其他学校不做特别要求。可以按年份顺序进行排序，或者可以把有领导角色的活动放在最前面。在准备简历的时候要跟写个人陈述和其他申请材料时同样用心。设计精美的简历能给招生顾问一扇看清你是谁、你关注什么的窗口。

做自评表提醒

"如果学生能把自己参加的主要活动、兴趣和成就简洁、全面地列出，对自己十分有利。把活动按照参与程度及重要性列出来，不要夸张你的参与度。不要为了仅仅增加简历上的一条而加入某个俱乐部。招生官总能看穿你的花招。"

——里德学院招生办公室主任、教育学博士保罗·马瑟斯

> "我们想看的是学生的高中生活因为参加的活动有什么增色。我们更希望看到的是学生深度参与的几项活动,而不是学生为了充实自己的大学申请材料在高二和高四参加的一长串活动。他们是负责人吗,跟整个团队合作协调吗,是否为帮助他人付出了足够多的时间(并非学校要求的时间)?需要赚钱养家的学生可能不会参加很多活动,但是他们所做的工作体现出他们愿意承担责任、可以学到新的技能,并且对工作需要的技能都能发挥出自己最大的能力。这一点跟其他申请人所列出的俱乐部或体育项目同样重要。如果一个学生没有在学校周边找到他们感兴趣的活动,这样的学生可以讲讲自己参加过的社区活动或宗教活动,比如童子军或志愿活动团体。"
>
> ——康涅狄格州哈姆登昆尼皮亚克大学副校长兼招生办公室主任琼·莫尔
>
> "我想看到的是学生能够处理课堂之外的事情。展现出领导、激励才能及多种责任感的学生更容易成为大学校园中更为积极并做出贡献的成员。问题的关键在于不要在简历上列出所有的项目,而是要挑选少量能体现学生品格和领导力的高质量经验。"
>
> ——纽约理工大学招生服务处副处长杰奎琳·尼伦

我的简历应该看起来什么样子?

CA 通用申请、UCA 通用大学申请和大学自己的申请网站上的活动清单都是不同的,但是里面包含的信息大致一样。你需要列出所参加活动(俱乐部或组织)、年级(九、十、十一、十二)、每周时长、所担任职位、所得荣誉或奖励,有的表格还需要填一下是否参加过学校的活动。

你需要尽量准确评估每周工作时长。所填的信息要精准,特别是担任领导职位的经历。有的申请要求你提交课外活动部分的信息,即使你本来想额外提交一份简历。你可以单列出荣誉和奖励以及工作和暑期经验,不要用缩写词或首字母缩略词(比如 P.A.S.T 俱乐部),可能你学校之外的人都不了解。凡不是广为人知的组织或活动，都需要进行描述。

如果你期望读一个与商业相关的学位，你可能需要提交一份传统模板的简历（见第三个简历模板），它看起来更专业、跟商业关系更紧密。后面几页是一些简历模板。

伊拉娜·R. 毕加索（ILANA R. PICASSO）
课外活动

活动	参加活动年级	描述	每周大概参与时间	职位
年鉴	十二	指导美术委员会学生；选择并创作美术作品	每周 2 小时	美术编辑
梦想俱乐部	十一—十二	为使用各种媒介的游戏创作美术成果；指导舞台布景和背景墙布置	从 11 月到次年 4 月每周 10 小时	美术总监
艺术俱乐部	九—十二	招收新成员；协调拉赞助；做计划；召开会议	每周 1 小时	主席（十二年级）成员（九—十一年级）
艺术学院	十一—十二	帮助学生在课外参与美术项目；准备并清理美术设备	每周 2 小时	指导
排球队	十一十二	初级运动队和运动队成员	每周 1 小时	成员
艺术设计	2008 年暑假	跟随艺术总监实习，协助其为广告公司进行布局创意	每周 30 小时	实习
所获奖励/荣誉			*成绩*	
艺术教师协会广告大赛一等奖			11	
全国美术大赛荣誉奖			11	
封面美术设计被当地出版社采纳			11	

续表

所获奖励/荣誉	成绩
艺术作品入选当地博物馆参展作品	11
最佳球员：排球	11
全国荣誉协会	11
全国西班牙语荣誉协会	10—11

金伯莉·I. 肯尼迪（KIMBERLY I. KENNEDY）

课外活动

活动	参与年级	每周大概参与小时数	职位/荣誉	大学是否参与
模拟法庭	九—十二	每周3小时	队长（十一—十二）	是
时事俱乐部	十一—十二	每周1小时	创建人	否
模拟议会	十一—十二	不适用	代表	是
反暴力项目	十一—十二	每周2小时	发言人	否
献血活动	九—十二	不适用	协调人（十二）	是
			参与人（九—十一）	
钥匙俱乐部	九—十二	每周2小时	副主席（十二）	是
波特法官	2008年暑假	每周25小时	成员（九—十一）	是
山姆·库克联盟	2007年暑假	每周25小时	实习生	否
			活动志愿者	
ABC夏令营	2006年暑假	每周40小时	顾问	是/否

荣誉/奖励

模拟法庭团队2008年区域冠军

大学预修课程学者

全国西班牙语荣誉协会

全国荣誉协会

玛丽萨·L. 特朗普（MARISSA L. TRUMP）

地址：学院路123号，任一地，美国，邮编：11234

家庭电话：123-345-6789

手机：123-345-6788

课外活动

2005 年 9 月—2009 年 6 月 股票市场小组组长

带领小组获得全国三等奖

2008 年 9 月—2009 年 6 月 年鉴商务经理

募集到 2 万美元用于年鉴花费

2008 年 9 月—2009 年 6 月 当地慈善会资金募集主席

带领委员会为乳腺癌基金会募集到 5000 美元

2006 年 9 月—2009 年 6 月 数学小组成员

跟数学小组成员一起参加巡回赛

所在小组两年获得冠军

2006 年 9 月—2009 年 6 月 大学保龄球队成员

初级运动队和运动队成员

2006 年 9 月—2009 年 6 月 数学辅导

辅导同学代数、几何、微积分入门和微积分

工作经验

2007 年 9 月—2009 年 6 月 eBay 做生意

买卖漫画书，赚得 3750 美元

2008 年暑假 美国广播公司对冲基金实习

跟随对冲基金经理学习

2006 年和 2007 年暑假 美国广播公司夏令营顾问

负责照看五年级男孩

荣誉与奖励

十二年级 全美数学竞赛全校第三名

十一年级 县级数学竞赛前十名

十一年级 地方大学数学博览会铜奖

十一年级 大学预修课程学者

十年级 数学奖

教育经历

2005 年 9 月—2009 年 6 月 亚伯拉罕·林肯中学

兴趣爱好

eBay、股市、综合知识、运动、拼字游戏

我应该网申吗？

网申如今很流行，对大学申请来说也是更简易的方式。根据全国大学招生咨询协会的数据，2007 年 70% 的大学申请都是通过网申进行的，并且这已经成为一种趋势。在线输入个人信息更加便利，特别是关于你和家人的数据类信息。对有的网申来说，如果个人陈述太长，在复制粘贴或上传时会比较麻烦，这时候你可能需要修改一下个人陈述，写得短一点。

要在学校申请截止日期前一到两周完成网申，以保证在完成和提交申请时不会出问题，同时，要保证你确实点了"提交"按钮。你可能以为你已经在线申请了，但可能提交时没有做对。在申请当时或之后通过邮件形式，你会得到申请完成确认，你需要将其打印出来，保存在你所申请那所大学的文件夹里。

> **提醒：** 如果你等到最后一分钟才申请，有的网站会因为流量太大而崩溃，你就可能在截止日期前完不成申请。

网申会让你的申请看起来美观、整洁。在有的网申中，可以随时上传个人简历，其他的可能需要根据要求的格式来提交，比如你只能列出自己参加过的最重要的七个活动。如果你想在简历

中加入更多的活动，可能需要额外准备纸质简历，跟其他申请材料（成绩单、推荐信）一起寄给学校，或者可以在网申中"附加信息"部分上传简历。有的高中会发送电子成绩单和推荐信，其他的会邮寄纸质版文件。

告知你的指导顾问你是网申的，这一点尤其重要。有的学生忘了告诉他们的顾问已经网申了，他们的文件就可能未被发送。你的指导办公室会提供给你一份表格，要你列出你已经网申的学校，这一点要跟你的顾问确认。如果你是网申的，就可以在提交申请时用信用卡付款，或者可以随后单独寄出支票。不管是何种方式，不要忘了付网申费用，或者如果需要，要求顾问帮你申请费用减免。

如果你愿意，你也可以先在线申请，然后打印出来并邮寄出去，这样所有填写的都是打印出来的。但这样网申时就不要提交，大学不会接受同一个申请的两个版本——一份纸质的和一份网申的，所以要选择你希望的方式。同样，很多大学不希望你将网审和纸质申请结合使用，所以不能一边通过 CA 通用申请在线申请，一边又提交纸质文件。要仔细阅读大学网站、CA 通用申请网站和 UCA 通用大学申请网站上的说明。现在依然有人采用纸质申请，但是一定要跟你所申请的大学咨询清楚。

我该通过 CA 通用申请还是 UCA 通用大学申请进行网申？

有两种网申方式，CA 通用申请和 UCA 通用大学申请，这两种方式都可以用于进行大学网申。它们越来越受到欢迎，每年也有越来越多的大学加入这两个申请系统中。

CA（Common Application）通用申请

CA 通用申请是一家非营利组织，已经有 30 多年历史，主要为学生提供在线申请超过 350 所大学和学院的机会。根据 CA 通用申请网站数据，共有约 40 万学生通过该网站进行大学申请，总申请次数大约有 140 万次。另外，也有很多学生使用纸质 CA 通用申请提交申请。接受 CA 通用申请的大学均赞同通过全观法对申请进行评估，即综合客观和主观等录取因素（参见第二章）。通过 CA 通用申请网申，请登录其网站 www.commonapp.org。（确保输入两个"p"，不然就会打开别的网站了。）

如果你使用 CA 通用申请，其网站上"表格下载"下拉菜单中有一个"要求网格"的东西，非常有用。其中包括：

- 可申请的大学和学院名单
- 截止日期
- 申请费用
- 是否需要补充申请
- 要求什么化标准测试（如有）
- 学校表格要求

注意：尽管 CA 通用申请的最初目的是为了将大学申请流程化，以便更为便利，但是很多学校还会要求补充申请，这些有时候也很费时间。

UCA（Universal College Application）通用大学申请

UCA 通用大学申请是 2007 年由 ApplicationsOnline，LLC 开发的，2008 年秋季投入使用。大约 80 多所学校加入了 UCA 通用大学申请系统，其申请跟 CA 通用申请类似。UCA 通用大学申请的目标是在参与大学和申请人方面做得更为全面，要成为 UCA 通用大学申请成员大学，必须遵守全国大学招生咨询协会的政策。通过 UCA 通用大学申请网申，请登录网站 www.universalcollegeapp.com。

UCA 通用大学申请的特色是其包含一个很有用的电子表格，叫作"UCA 通用大学申请大学要求：第一年申请人"，包含以下数据：

- 每所成员大学的提前行动、提前录取、常规录取截止日期信息
- 要求提交补充申请的每一所大学的要求链接
- 要求提交的其他学校表格的信息，包括学校报告、期中报告和期末报告

只要你希望申请的大学是网申机构的成员，你就可以选择任何一家进行申请。

我该如何解决申请中的一些常见问题？

在线申请时会出现一些技术上的问题，网站会崩溃，特别是临近截止日期的时候，另外还有其他一些问题。不管是 CA 通用申请还是 UCA 通用大学申请都有一个常见技术问题的部分（常见问题解答），并附带问题解决方法，可以根据指示解决问题。你也可以联系两家网站的技术支持，需要给自己留出几天获得答复及修复问题的时间。

使用 CA 通用申请时有两个经常出现的问题，包括需要创建不同的申请版本，以及在申请了提前录取学校之后被延迟录取或拒录，又申请提前录取第二批次。

创建不同的申请版本

在不同的申请（例如不同专业的申请）时变更信息，需要创建不同的申请版本，这时候需要采取以下步骤：

1. 提交一个版本的 CA 通用申请，然后退出登录。
2. 打开网址 http://app.commonapp.org/Application/ApplicantLogin.aspx?allowcopy=true。
3. 在登录页面输入登录名和密码，然后点"登录"。
4. CA 通用申请页面弹出以后，点击"复制"链接，重新创建一个新的版本，并做出相应修改。这时候会形成一个下拉窗口，让你可以选择自己需要的申请。

申请提前录取第二批次

CA 通用申请只允许你申请一个提前录取学校，所以如果你的提前录取学校未申请成功，想申请提前录取第二批次（第二次提前申请）学校，CA 通用申请会建议如下步骤：

1. 在 CA 通用申请上选择"常规录取"。
2. 在大学的补充申请中选择"提前录取第二批次"。

什么是优先申请？

优先申请也叫"蓝丝带"或"免试申请"，跟其他申请方式不同的是，大学会邀请你在固定时间内申请，免申请费。大学邀请你申请可能是因为你在校园参观中表现出申请兴趣，或者你向大学索要了信息。优先申请通常是程式化的，有的信息已经填写完。除了免申请费，可能也不要求你写个人陈述，也不用提交推荐信。

> **提醒**：有的大学会用优先申请来鼓励你申请，但只是为了能够拒绝你，这样就可以提高它们的排名。这种方法很残忍，因为学生们会因此感到兴奋，自我感觉很好。我认识一个学生，收到完全在他能力范围之外的大学的优先录取申请，他坚持认为这所大学想要他，然后免费进行了申请，然后他如所料的被拒录了。

优先申请的目标是吸引申请者。看起来对你发出优先申请要求的学校会容易录取你，但实际上并没有录取保证。

如果你收到了优先申请邀请，不要想当然就申请了。看看这所大学的网站，确定这所大学是不是你希望的选择。如果看起来还可以，你可以尝试一下，但即使未被录取也不要觉得不安。

什么是桥梁申请？

桥梁申请（QuestBridge Application）是一种非营利的匹配服务，帮助学习成绩好的低收入家庭学生申请到全国范围内竞争最激烈的学校。如果你满足录取条件，并被选为桥梁学者，那你被这所大学录取后就会拿到全额奖学金。桥梁申请奖学金只能通过 www.questbridge.org 申请。

桥梁申请时间比其他学校的更长，也需要牵扯更多精力，申请材料和其他所有文件截止日期是高四的 9 月底。这些学校会要求收入信息，以确定你是否在要求的收入范围内。在 2007 年的申请过程中，900 多名学生获得了 9000 多万美元的经济资助（没有贷款）。

如果你符合桥梁申请资格，可以免费申请合作学校，可以到学校网站查看所有的规则。其他一些获得大学学费的方法请见第七章。

桥梁申请合作大学名单：

阿默斯特学院	克莱蒙特·麦肯纳学院
鲍登学院	哥伦比亚大学
加州理工学院	艾莫利大学
芝加哥大学	哈弗福德学院
麻省理工学院	斯克里普斯学院
西北大学	斯坦福大学
圣母大学	斯沃斯莫尔学院
欧柏林大学	三一学院
帕森斯设计学院	瓦萨学院
宾夕法尼亚大学	威尔斯利学院
波莫纳大学	卫斯理大学
普林斯顿大学	威廉姆斯学院
莱斯大学	耶鲁大学

我怎么才能知道学校是否收到了我的申请？

大学申请过程中让人最担忧的部分就是不知道你的申请是不是在规定时间内被收到了，以及申请是否完整。但不管怎样都不要惊慌！通常你会收到大学发来的电子邮件或信件，告知你的申请不能被审核，因为内容不完整。你可以想象一下，在一所大型大学的接收邮件的房间里，塞满了 3 万名甚至更多申请人的申请材料，还有那么多勤勤恳恳的人在整理你的 SAT/ACT 成绩、成绩单、推荐信，还有其他材料，要把它们放到正确的文件夹里。你要了解他们需要花几周的时间处理你的申请，但这期间，你可能会收到一封"您的申请材料不完整"的信。

你的指导办公室通常会对你的申请材料（纸质材料）和文件邮寄给大学的时间做记录。如果你自己负责寄送申请材料，则要留下复印件，并记好文件发送时间及

> 在申请过程中不要把任何事情都当成理所当然的，要记住最终你有责任跟指导顾问和录取办公室核实你申请的所有内容都是完整的。下一页的"申请跟踪清单"会帮你跟踪这个过程。

SAT/ACT 成绩发送时间。即使有问题也不要责怪指导办公室，要以平和的态度要求其复核一下申请发出的时间。如果成绩单丢失、放错位置或归类有问题，指导办公室为一名学生发出两三份成绩单也是常见的情况。

你有责任跟每个录取办公室确认你的申请材料是否完整。可以给录取办公室打电话，如果不完整，即使申请截止日期已过，你也可以补交遗漏的材料，特别是当大学通知你有遗漏的情况时。不要忽略大学发来的任何电子邮件信息或其他沟通信息。随着在线申请的增多，很重要的一点是要通知你的指导顾问你已经在线提交了申请，以便顾问随之发出应该发的文件。你也可以跟老师们确认一下他们是否写了推荐信。很多大学会跟你确认已经收到了你的申请材料，所以一定要经常检查邮件和网申账户，看有没有更新的信息。

申请跟踪清单					
项目	是	日期	否	采取的后续行动/日期	备注
是否发送了 SAT/ACT 成绩？					
美国大学委员会和美国大学入学考试是否发送了我的成绩？					
指导办公室是否发出了该发送的文件？					
是否在规定日期之前发出了要求的文件，邮资是否足够？					
是否跟老师核实他们写完并邮寄/提交了推荐信？					
是否接到大学告知申请已收到的通知？					
是否收到了"申请不完整"的信或邮件？					
是否经常检查邮件和网申账户？					
是否按要求提交了补充材料？					

经济资助 101：如何支付大学学费

"我父母挣的钱足以使我失去申请经济资助的资格，然而却不足以支付我理想大学所需的学费。"

"经济资助申请过程过于烦琐，为何还要去试呢？"

"奖学金类别纷繁复杂，得雇个奖学金公司来帮忙找一个适合自己的。"

"我家支付不起私立大学学费，所以申请私立大学我压根儿不敢想。"

"大学想要的是中产阶级以及中上层阶级家庭出来的最聪明的学生。"

"我是我们家里出过的唯一一个大学生，我没有任何资源，这真是令人羞愧。"

人们往往对于如何上大学、可以选什么大学上，以及如何轻松申请经济资助有着太多疑问和误解。低收入家庭的家长可能不了解申请过程，或者可能认为能帮助他们的资源太少。高收入家庭的家长则可能不相信他们也够资格申请经济资助，所以他们懒得费力去寻找上大学的经济来源。之前列举的种种断言其实都是不准确的说法，在这一章末尾，大家对去哪里寻求经济资助以及申请经济资助需要做些什么会有更清晰的理解。此外，还可以从这个领域的专家那里得到一些提示与技巧。

常见的误解有哪些？

据 2009 年一项由非营利性组织公共议程（Public Agenda）开展的全国电话统计，人们关于经济资助的想法可以用数据表示如下：

63% 的人认为上大学的成本上涨速度比其他一些项目涨幅都要高。

74% 的人认为费用不应该成为阻止那些有资格、有动力的学生上大学的原因。

67% 的人感觉学生们不得不借大量的钱来支付大学学业。

57% 的人相信有可用的经济资助可以帮助学生们支付完成大学所需的学费。

资金需求无关的录取对比资金需求敏感的录取

有些大学在招收学生时不考虑学生的支付能力，但另外一些大学则对支付能力很敏感。关于这两种政策的区别，资金资助专家为我们做出了解释。

据纽约理工学院入学服务处副处长杰奎琳·尼伦的解释，不考虑支付能力的大学关注的是学生的学术情况以及其他一些辅助性因素，如领导才能。在决定录取的过程中，这类大学不考虑学生的支付能力，也不会预先调查学生的资金信息。

而资金需求敏感类大学在审查学生入学申请时，则会考虑学生的资金需求。

> "实行资金需求无关录取的学校不清楚每个申请人的具体资金需求，因此很难百分百满足学生的需求。实行资金需求敏感录取的学校对每个申请人的资金情况都有把握，它们在录取学生的时候，为了确保所录取学生都能得到足够的资金支持，会考虑资金需求。"
>
> ——奎尼匹克大学经济资助办公室
> 资深总监多米尼克·尤雅

所以在调查大学的时候，你需要搞清楚这类大学是否会考虑学生的支付能力。除了了解政策外，还需要知道一所大学是否可以满足你的资金需求，一般的经济资助包是怎样的，以及是不是会根据你的成绩和/或需要提供奖学金或助学金。

资金需求无关的大学与资金需求敏感的大学	
资金需求无关	资金需求敏感/关注
常春藤盟校	贝茨（缅因州）
鲍登（缅因州）	布林茅尔（宾夕法尼亚州）
布兰代斯（马萨诸塞州）	卡尔顿（明尼苏达州）
卡内基梅隆（宾夕法尼亚州）	迪金森（宾夕法尼亚州）
戴维森（北卡罗来纳州）	富兰克林与马歇尔（宾夕法尼亚州）
格林内尔（爱荷华州）	凯尼恩（俄亥俄州）
利哈伊大学（宾夕法尼亚州）	默兰伯格学院（宾夕法尼亚州）
明德学院（佛蒙特州）	西方学院（加利福尼亚州）
纽约大学（纽约州）	培泽学院（加利福尼亚州）
西北大学（伊利诺伊州）	里德学院（俄勒冈州）
波莫纳学院（加利福尼亚州）	斯基得摩尔学院（宾夕法尼亚州）
莱斯大学（得克萨斯州）	三一学院（康涅狄格州）
斯沃斯莫尔学院（宾夕法尼亚州）	联合学院（纽约州）
芝加哥大学（伊利诺伊州）	惠顿学院（马萨诸塞州）
罗切斯特大学（纽约州）	
南加利福尼亚大学（加利福尼亚州）	
维克森林大学（北卡罗来纳州）	
威廉姆斯学院（马萨诸塞州）	

美国大学招生咨询协会2008年关于资金资助的研究表明，只有32%的公立大学和18%的私立大学能够真正满足学生的全面需求。尽管大多数大学无法百分百满足学生的需求，这也并不意味着州外大学或私立大学就完全不能考虑了。

提醒： 转校生、国际学生或从候补名单中录取的学生可以不能享受需求无关政策，要跟具体学校确认学校的政策。

我们在第三章已经讨论过，收到经济资助包后（这章后面会讨论），要全面审查一下自己考虑的大学所需的所有成本。大学青睐地域多样化的学生（来自别的州的学生），而州外大学或私立大学可能提供奖学金或助学金。

成本包括哪些？

成本理所当然地成了想去上哪所大学所需要考虑的一个重要因素。如何能有资金完成教育，这不仅仅是你和你的家人独自担心的问题。上大学所需的成本（COA），包括：

- **学费**：上课的成本
- **费用**：健身房、实验室、注册、联谊会，特殊计划费用如药剂、商务和科学计划
- **食宿**：住宿和餐饮计划
- **书本及文具**：每节课所需的课本以及美术用品、计算器等
- **个人花费**：娱乐，洗衣
- **交通费**：通勤，乘车或住校
- **小额花销**：买衣服、坐巴士、手机以及座机话费

公立大学和私立大学各个学校的学费有天壤之别。收费高低可以这样来排序：首先是社区大学、市立或州立大学，其次是州外大学，然后是私立大学。很多情况下，更容易支付邻近州的公立大学学费。比如，纽约州大学系统对州外学生要求合理的学费。有时候你甚至可以考虑去加拿大上好的大学，因为它们给国际学生开出的学费相对而言还是比较合理的。甚至，还可以找到更便宜的学校，也就是免学费的大学，例如：

免学费大学名单：
肯塔基州伯利亚学院
纽约麦考利荣誉学院的城市大学
库珀联合学院（纽约州）
柯蒂斯音乐学院（宾夕法尼亚州）
富兰克林·W.奥林工程学院（马萨诸塞州）
西点军校

美国空军学院

美国海军学院

美国海岸警卫队学院

美国商船学院

韦伯学院（纽约州）

成本问题自然就决定了你会选择公立大学还是私立大学。如果家庭经济困难的话，可能一开始就会避免私立学校。想想家里想买的那部车的标价！除了某些品牌和型号，一般的家庭都不会一口气付完车款。其实私立学校的情况跟买车差不多，没有人一次性把学费付清。私立学校可能会给予有经济需求的学生或那些学术能力优秀的学生更多的资助。许多私立学校都有各种个人或组织提供的捐赠，用来吸引以下类型的学生：

- 整个家族第一个上大学的学生
- 来自低收入家庭的学生
- 学术上有天赋的学生
- 可能会加入地域多样化或种族多样化学生群体的学生

一些最顶尖的大学为来自不同收入水平家庭的学生提供了非常慷慨的经济资助包。这些大学资助政策简述如下：

哈佛大学
- 家庭收入低于6万美元的学生可以免除学费、食宿费和强制性费用。
- 家庭收入低于18万美元的学生需付收入的某个百分比。如果家庭收入介于12万至18万美元，需付收入的10%；介于6万至12万美元，则需支付低于收入的10%的费用。
- 哈佛大学规定：得到经济资助的学生，不得申请贷款。

哥伦比亚大学

- 家庭收入低于 6 万美元的学生,免除学费、食宿费。
- 家庭收入介于 6 万至 10 万美元的学生,只需支付标价的少部分。
- 哥伦比亚大学将全额提供有明显经济需求的学生大学四年的学费。
- 哥伦比亚大学不提供贷款给学生,而以助学金代替。

普林斯顿大学

- 对有明显经济需求的学生,不提供贷款。
- 完全满足有明显经济需求的学生。
- 对家长和学生提供合理的预期贡献。
- 对有明显经济需求的学生进行海外留学计划的完全资助。

格林内尔学院

- 格林内尔学院承诺为入学的有经济需求的学生提供资助。
- 经济资助包含勤工俭学机会,每年两千美元的贷款,剩下部分由助学金和奖学金资助。

伦斯勒理工学院

- 90% 的学生会得到奖学金。
- 为所有申请者分配一个经济资助顾问以指导其资助需求。
- 伦斯勒理工学院获奖者四年保证有 6 万美元奖学金。
- 本科毕业生会得到一年额外的资助,一方面帮助获得研究生学位,另一方面通过最近的计划完成本科学士学位。

有哪些经济资助可选?

2007 年估计有 820 亿美元联邦资助款项下发给了 1000 万个学生,包括:

- **助学金**：来自各方的馈赠，无须偿还。有联邦政府的、州的、当地的，都由大学提供给学生。
- **贷款**：有息偿还的贷款，来自联邦、州或私人。
- **奖学金**：不需要偿还，有时候需要进行申请。有些是颁发给有经济需求的，有些是颁发给学业优秀的，来源于公司、市民、社区俱乐部、机构、联邦、州及当地政府。
- **就业**：联邦勤工俭学计划提供校园兼职工作。学生们可以兼职，也可以做暑期工。

助学金、贷款和勤工俭学

下面的表格提供了助学金、贷款和勤工俭学的相关信息，奖学金将在后面讨论。

助学金、贷款和勤工俭学项目			
计划	描述	申领资格	如何申请
助学金			
联邦佩尔助学金	每年最高至4731美元	美国公民或取得有效社会保险的非美国公民，有高中毕业证，需要经济资助；必须做义务兵役登记，没有吸毒史	联邦政府助学金免费申请
学术竞争助学金	第一年最高至750美元，第二年最高至1300美元	同佩尔助学金；必须一直注册；平均绩点须达到3.0	联邦政府助学金免费申请
智慧助学金	第三年和第四年最高至4000美元	在数学、科学、科技、工程、批判外语专业上与佩尔助学金雷同	联邦政府助学金免费申请
高校教师教育援助与高等教育资助	每年最高至4000美元	参与教师教育项目的美国公民或合格的非公民，平均绩点须达到3.25	联邦政府助学金免费申请
联邦补助教育机会助学金	每年4000美元	同佩尔助学金	联邦政府助学金免费申请

续表

计划	描述	申领资格	如何申请
大学提供的助学金	不定	不定	查询大学资助办公室和网站
助学金			
州提供的助学金	不定	不定	查询网站：wdcrobcolpo1.ed.gov/programs/erod/org_list.cfm?category_cd=sgt
贷款			
联邦帕金斯贷款	低利率，每年可贷款4000美元，十年内还清	同佩尔助学金	联邦政府助学金免费申请
联邦斯塔福德贷款（补贴）	低利率。学生在校期间由政府偿还利息。第一年可贷3500美元，第二年4500美元，第三年和第四年5500美元	可证明需要，同佩尔助学金；在本票上签名	本票
联邦斯塔福德贷款（非补贴）	低利率；要求偿还所需的利息；贷款金额随依赖状态及所在年级的不同而不同	无经济资助；以银行批准为准	联邦政府助学金免费申请及本票
联邦本科生家长贷款	父母贷款；固定利率；贷款金额等于学费减去所得的经济资助	不需要经济资助	联系经济资助办公室或银行
联邦直接学生贷款计划	变化的贷款计划		联邦政府助学金免费申请；联系经济资助办公室
私人贷款	不定	不定	联系经济资助办公室或银行

续表

计划	描述	申领资格	如何申请
其他计划			
联邦勤工俭学计划	校内兼职	同佩尔助学金	联邦政府助学金免费申请；联系经济资助办公室
兵役计划			
预备役军官训练营	付所有学费及每月固定薪金；需承诺服兵役；海陆空三军要求有所不同	有竞争性；审查高中记录	联系高中、当地征兵办公室或大学预备役军官训练营
美国志愿队	一年服役计划；两种奖励达4725美元	17周岁，公民，自然或法定永久居民	www.americorps.org
为美国而教	承诺在市区/郊区任教两年；9450美元外加薪水	学士学位，平均绩点2.5，美国公民或取得永久居住权的外国人	www.teachforamerica.org
美国和平部队	两年义务；6000美元保险过渡津贴；免除15%帕金斯贷款债务	18周岁的美国公民	www.peacecorps.gov

税收抵免和其他项目

除了助学金、奖学金、贷款、勤工俭学，还有其他一些方法可以帮你支付大学学费。

- 税收抵免
- 大学储蓄计划
- 大学学分项目

对家长或有独立税收地位的学生提供两种税收抵免：希望信贷和终身学习信贷。其中，希望信贷提供给合格家庭供大学一年级和二年级的学习；而终身学习信贷则提供给合格纳税人供四年的学习。关于税收抵免的更多信息，请访问www.nasfaa.

org/Redesign/TaxBenefitsguide.html。

大学储蓄计划包括两种类型的 529 计划：

- 储蓄计划
- 预先支付学费计划

"529 计划储蓄项目"是用作支付学费和其他教育相关费用的纳税优惠储蓄存款账户。这些计划州与州之间有所不同，可以从其他州进行投资。Upromise.com 是一种大学储蓄计划，为大学筹集免费资金，毫无压力。家长、学生，甚至祖父母还有亲戚们都可以利用学生的名义注册信用卡、加油卡和购物卡。只要购买汽油、食物和其他款项，这些收入都会打入学生的账户而与"529 计划"挂钩。这个没有附加条件，学生也无须花任何成本，详情参考 www.upromise.com，马上注册开始为大学攒钱吧。

预先支付学费计划，即保证储蓄计划，在 13 个州及一些教育研究所提供预先支付学费的机会。

大学学分项目包括大学预修课程、大学级别考试课程、国际预科课程以及高中提供的大学水平课程。大学委员会举行预修课程项目和大学考试方案，你可以通过预修课程项目的课程学习和考试来累计大学课程学分。要通过预修课程项目的考试，还需要参加预备学习班，为考试备考。关于预修课程项目和大学考试方案，详情参考 www.collegeboard.com。如果高中提供国际预科课程，还可以参加这个考试来获取大学学分。关于国际预科课程及考试，详情参考 www.ibo.org。

有些高中还提供当地大学相关的大学课程。要得到学分，必须保证这些课程取得一定的成绩，还要与这些大学确认它们是否承认这些学分，自己是否有兴趣上这些大学等。总之，通过这些项目累积学分，可以增加在四年甚至提前毕业的机会，从而减少大学成本。

如何申请经济资助？

不少学生及家长们害怕填那些经济资助的各种表格。也许大家还听过很多可怕的完成经济资助申请表是如何困难的故事吧！事实上，且大多数情况下，你要申请联邦、州或大学资助的话，只需要完成一张经济资助表格就可以了。

那么每个学生想要向大学申请的这个表格就是联邦政府助学金免费申请表，简称"FAFSA"。想要查看申请资格要求、说明、工作单、网上以及纸质版申请等，请参考政府免费网站 www.fafsa.ed.gov。你若不小心登录到一个相似网名的私人网站 fafsa.com 来进行同样的申请，你还要交一定的申请费，所以在输入网页地址的时候要格外注意。

有些私立大学还要求完成一份高校奖学金/经济资助申请表，这是一种收费服务，是大学委员会的一部分。此外，还有些大学有自己专门的经济资助申请表。

联邦政府助学金申请表的填写

很多人认为联邦政府助学金申请表既冗长又复杂。现在这些程序都在简化，应该不久就可以使用了。现在填这个表格需要完成网上申请，大家都喜欢这种方式，在高四的1月1日后就可以进行申请。在网上申请填表格时系统是可以帮忙进行自动发现和更正错误的。网上自带的"跳跃逻辑"还可以帮助你跳过一些不适合你的问题。也可以用纸质版来申请，但是需要下载，不如网页版本有那么多的优点。完成联邦政府助学金申请表之前，还可以先完成教育基金申请信息，非官方地去评估是否够条件申请经济资助。这个教育基金申请表是推荐大家使用的，可以用来准确评估日后将会得到的经济资助，也更方便为大学费用做计划。大家在网上进行联邦政府助学金的申请时，可以下载一个网页工作单作为指导。填工作单可以节省不少时间，方便一行行地填写那些数字。

如何获取个人身份识别码？

完成在线联邦政府助学金申请，需要个人身份识别码。在1月1日正式申请之前，如11月或12月时，就必须获取这个识别码。在 www.pin.ed.gov 网站上输入姓名、生日、正确的社保号，就可以保证得到这个识别码。你可以自己生成一个担保密码或等待发送给你。密码的链接时间很短，所以要及时打印或记录下来。你的识别码是你网络申请时的电子签名。假如你是未独立的学生，你和你的一位家长都需要密码。假如你是独立的学生，家长就不用在表格上签名了。怎么区分你是独立还是未独立的学生，联邦政府助学金的网站上解释得非常清楚。

一旦准备好填申请表，你就需要有效的社保号、驾照（选择性的）、纳税申报单、父母的纳税申报单、税单、银行对账单以及你和你父母的资产投资记录。填完申请表后，你的密码就是你的电子签名，或者到时候你可以打印出纸质版本的申请表并于两周内邮寄出去。

联邦政府助学金的申请有五部分要完成：

- **第一部分：学生信息**：填好你的姓名、社保号、居住州、毒品记录、父母的教育状况问题、上大学是否全日制，以及是否考虑勤工俭学和贷款。
- **第二部分：学生独立状况**：包括军事职责、退伍状况、是否状况独立等问题。
- **第三部分：家长信息**：家长社保号、生日、税收信息和资产投资情况。
- **第四部分：学生经济状况**：回答关于学生资产和税收信息的一些问题。
- **第五部分：大学信息**：列举大学名称和住宅信息。网页申请可以列举十所大学的名称，纸质版可以列举四所大学的名称。

完成申请过程中需要帮助时，可以要求在线服务或拨打客户服务电话。完成申请后的流程如下：

完成联邦政府助学金申请——美国教育部处理中心——家庭预计支付额度——学生资助报告

需求分析由你所考虑的大学来完成。申请完成后，就决定了家庭预计支付额度，大学会利用这个来做需求分析。家庭预计支付额度是申请完成后就决定的一个非常重要的数据。字面意思就是你的家庭每年预计为你支付的学费。

> 你将会在申请完成后三个星期内收到学生资助报告。如果在申请时留了电子邮件地址，你将收到电子版的学生资助报告，如果没有留电子邮件，就会收到普通的信件。

经济需求计算如下：

学习费用 – 家庭预计支付额度 = 需求

联邦政府助学金常见问题解答

下面是一些关于联邦政府助学金的常见问题，由我们的经济资助专家进行解答。

即使我父母认为他们挣的钱足够，不用申请经济资助，我还应该申请联邦政府助学金吗？

"绝对地！这就像中彩票一样。你必须下注，去赌赢它！申请表格只需要花一点时间，而且表格相对简单。最糟糕的不过是学生们发现自己有资格申请贷款而不是资助。但是很多情况下，学校利用联邦政府助学金申请表来决定自己的经济奖励。私立学校经常根据学生的经济需求来进行奖励，尽管联邦、州政府不这么做。没有联邦政府助学金申请表，学校无法做出奖励决定啊。所以绝对值得一试！"——纽约理工学院入学服务处副处长、教育学博士杰奎琳·尼伦

"所有的大学都要求联邦政府助学金申请表来决定助学金、奖学金和勤工俭学的申请资格。家庭收入可能决定了经济援助的类型和数目，但是决定不了学生是否可以贷款。既然填写申请没有任何成本，只不过是花些时间来完成，我们强烈建议对经济资助有兴趣的人去完成申请。"——奎尼匹克大学经济资助办公室资深总监多米尼克·尤雅

我应该何时填写申请表？是否需要等父母完成税收后才填？是否 1 月 1 日以后马上就填？

"为了得到充分的资助机会，学生们应当在 1 月 1 日后马上完成申请表，最好是在 2 月 15 日之前完成。由于大多数学生需要学校的经济资助包以明智地决定是否负担得起学费，早一点申请为家庭提供了足够的时间来权衡并做出正确的选择。最好是能够做一个全面仔细的评估，在 2 月 15 日之前就拿到表格，而不是等到税收出来后再申请。关键就是仔细评估。几千美元的区别不会在很大程度上影响资助包。记住，有些大学给出的截止日期和我们这里推荐的可能有所差别。学生们需要与大学的经济资助办公室核对清楚，以保证申请顺利进行。"——纽约理工学院入学服务处副处长、教育学博士杰奎琳·尼伦

"1 月 1 日之后的任何时间都可以申请联邦政府助学金，建议家庭利用评估数据赶在大学经济资助的截止日期前尽早填表。学生最初的数据基本不会变化，一旦联邦税收申报单出来后就可以更新申请，确保联邦政府助学金申请表和学生助学金的准确性。"——奎尼匹克大学经济资助办公室资深总监多米尼克·尤雅

高校奖学金申请表是什么？怎样知道自己是否需要进行申请？

高校奖学金申请表是一些学院和大学使用的一种附加经济资助以奖励非联邦资助。这一申请表需要更多更具体的家庭财产和人口统计方面的数据。申请大学的时候，申请说明上就表明是否需要填高校奖学金申请。由于这一申请表是大学委员会管理（收取费用）的，你可以登录 collegeboard.com 来了解更多关于参与的学院、大学、奖学金计划的详情。

经济资助包里包括什么？

3 月或 4 月，有时候更早，你会收到当时填联邦政府助学金申请表时列举的那

些大学发来的经济资助包。经济资助包信件包括奖学金、贷款、助学金、勤工俭学。有些大学会满足你的各类需求，有些则不。

下面，我们列出三个虚构家庭的经济资助奖励来说明不同需求的家庭如何得到不同的经济资助奖励。在下面的例子中，请大家注意助学金、奖学金、贷款和勤工俭学是如何搭配成一个经济资助包的。

经济资助包举例：

学生 A

学生 A 正在申请州内公立大学。

学习费用（每年成本）	15,000 美元
根据申请表确定的家庭预计支付额度	7000 美元
需求（学费 − 家庭预计支付额度）	8000 美元

学生 A 的经济资助包：

州助学金	1000 美元
私人奖学金	2000 美元
学术竞争奖学金	750 美元
公立大学助学金	2000 美元
非补贴联邦斯坦福贷款	2000 美元
未满足需求	250 美元

分析：学生 A 收到助学金和奖学金共 5750 美元，这部分不需要偿还。学生 A 的家长需要支付 7250 美元的学费，其中 7000 美元是家庭预计支付额度，250 美元是未满足的需求部分。然而，经济资助剩下的 2000 美元贷款是需要学生日后进行偿还的。

学生 B

学生 B 正在申请一所私立大学。

学习费用（每年成本）	45,000 美元
根据申请表确定的家庭预计支付额度	7000 美元

| 需求（学费 – 家庭预计支付额度） | 38,000 美元 |

学生 B 的经济资助包：

联邦佩尔助学金	4000 美元
联邦勤工俭学	2500 美元
州助学金	3000 美元
私立大学助学金	15,000 美元
私人奖学金	10,000 美元
补贴联邦斯坦福贷款	3500 美元
未满足需求	0

分析：学生 B 得到 32,000 美元的助学金和奖学金，这部分是不需要偿还的。学生 B 从校园勤工助学挣得 2500 美元。日后需要偿还低利息率的贷款共 3500 美元。学生 B 的父母预计支付额度为 7000 美元。

学生 C

学生 C 正在申请一所州外公立大学。

学习费用（每年成本）	30,000 美元
根据申请表确定的家庭预计支付额度	22,000 美元
需求（学费 – 家庭预计支付额度）	8000 美元

学生 C 的经济资助包：

州助学金	1000 美元
公立大学助学金	3000 美元
私人奖学金	2000 美元
未补贴联邦斯坦福贷款	2000 美元
未满足需求	0

分析：学生 C 得到 6000 美元助学金和奖学金，这部分是不需要偿还的。日后需要偿还未补贴联邦斯坦福贷款共 2000 美元。学生 C 的父母预计支付额度共 22,000 美元。

经济资助 101：如何支付大学学费　　153

> 在比较各个大学的奖学金资助信件时，你需要搞清楚以下问题：
>
> - 你拿到助学金和奖学金所需要的最低平均绩点是多少？
> - 奖学金资助包括多少不需要偿还的助学金或奖学金？包括多少需要偿还的贷款？
> - 如果包括勤工助学，你会得到多少酬劳？都是些什么工作？需要工作多长时间？
> - 资助只是一年的？还是可延续四年？

可以对经济资助包提出申诉吗？

如果你没有得到自己想要的经济资助包，没法上理想的大学，该怎么做？

假如你已经得到了经济资助包，可是却对得到的金额不满意，那么，你是可以进行申诉的。奎尼匹克大学经济资助办公室资深总监多米尼克·尤雅说："问问也没关系的啊。假如大学不能满足所有的学生需求，那么就该有额外的资金可用，或者保证额外的资助，它们可以增强最初的资助来帮学生付清学费。我并不是鼓励每个学生都喊'狼来了'骗人，但是有一些实例，特别是学生或家庭正经历经济困难时，坐下来与合适的大学代表人谈是最合适的。"

如果经济情况有变化，经济资助办公室会重新对经济资助包进行评估。纽约理工学院入学服务处副处长、教育学博士杰奎琳·尼伦认为，如果出现一种情况，学生需要最少的资金来上理想的大学，那他不妨打个电话到学校要求这笔小额的额外资金。需要提前做好一个准备，那就是如果没有新的资金可以用，还有其他备用方案吗？

接下来的表格也许会帮你比较不同大学的经济资助。要完成表格，就需要知道学习费用，包括学费、杂费、食宿费、交通费；家庭预计支付额度在学生资助报告里就有，而完成联邦政府助学金申请表会得出这个报告。

经济资助包比较工作表			
项目	大学1	大学2	大学3
学习费用			
	减去	减去	减去
家庭预计支付额度			
＝需求资助包			
助学金			
贷款			
奖学金			
勤工俭学			
总经济资助			
	减去	减去	减去
需求			
＝未满足需求			

我如何才能申请到奖学金？

奖学金无疑是支付学费的典型经济来源。有些奖学金是基于需求的，有些是学术的，还有些两者兼有。奖学金分门别类，下面是可以参考类别的一些地址：

- **体育奖学金**：详情参考 www.ncaa.org。
- **企业奖学金**：国家奖学金根据学业能力倾向初步测验颁发优秀奖学金，QuestBridge 奖学金根据学术和经济需求来颁发。许多重要的机构都颁发奖学金；本书附录有一些样本奖学金可参考。
- **社区/公民/当地组织**：一些当地组织，包括吉瓦尼斯俱乐部、哥伦布骑士会、皮提亚骑士会、狮子俱乐部等都提供奖学金。
- **大学**：许多大学都根据专业学习提供奖学金，"第一代奖学金"（家族第一个上大学的学生）等。详情查询大学网站或致电经济资助办公室。
- **高中**：许多升学顾问都知道当地、州、国家奖励金或奖学金可以颁发给毕业生。

- **工会和专业/贸易组织：**许多工会，如教师工会，提供奖学金给家庭，有些专业组织也提供奖学金。核实父母所在的单位是否可提供奖学金。

寻找奖学金的过程是耗费精力也令人沮丧的。奖学金来源很多，但是必须要做许多搜集工作和填一系列申请表。大家可以利用一些免费的奖学金搜索帮助寻找潜在的奖学金，包括：

- www.fastweb.com
- www.finaid.org
- www.meritaid.com
- 其他奖学金网站在附录 B 中已列举

根据申请的奖学金种类，需要提交成绩单、论文、推荐信和 SAT/ACT 成绩。为了最大限度地增加拿到奖学金的机会，必须做到以下几点：

- 按照说明填写（只有够资格才去申请）。
- 附上所有要求的文件。
- 及时申请奖学金。
- 集中精力申请当地奖学金，因为国家奖学金的申请竞争过于激烈。
- 主要集中几个小额奖学金而不是大额奖学金，因为大额的可能很难获得。
- 写一篇很棒的奖学金论文。
- 如果要求奖学金面试，搞定它。
- 让其他人支持你，让可能知道奖学金消息的朋友、亲戚通知你。

如何避免奖学金诈骗？

很不幸的是，总有一些不知廉耻的人利用那些想得到奖学金的学生和家长做坏事。

> 有太多可用的免费资源和网站，实在不必雇用奖学金或经济资助顾问。

我女儿是高中三年级学生，曾收到过很多封看起来不错的信件。这些信件都很误导人，让着急拿钱上大学的人抱以错误的希望。有些信件包括了昂贵的资助包。它们暗示已经安排你参加群体的演讲和面试，或者暗示你的高中给它们权利联系你。要核对奖学金或经济资助公司，请联系下列机构：

- 商业改进局（www.bbb.com）
- 邮务督察（postalinspector.uspic.gov）
- 司法部长办公室（www.naag.org）

你可能在考虑是否需要聘请一个财务顾问帮你搞清楚如何上大学。纽约理工学院入学服务处副处长、教育学博士杰奎琳·尼伦并不推荐这样做："经济资助申请过程并没有复杂到家里人自己搞不定的程度。只要准备好了纳税申报单，你就有了填表需要的答案。而且大学非常乐意给大家解释经济资助奖学金信件以及如何决定上大学实际需要的成本。在最困难的时刻，我倒宁愿看到家长们把可能付给顾问的钱拿来付到学费上。"

奎尼匹克大学经济资助办公室资深总监多米尼克·尤雅也赞同这一观点："这跟商家一样，有些信誉良好，有的却动机不纯。很不幸的是，根据我的经验，我发现太多所谓顾问一点也不值得人们尊敬，他们通常要价上万美元，但是实际上提供的信息还真不如家里人稍微花点力气得来的信息多。更有甚者，有的顾问还强迫家庭提供虚假错误信息，进行经济资助欺骗。我所能给的最好的建议可以用一句格言来概括，即，如果它看起来好得令人难以置信，则它通常不可信。家里如果真的需要经济资助方面的建议，那么大学的经济资助办公室就是最好的去处。当然，也有一些有声望的注册会计师会乐意帮助顾客，通常在顾客完成联邦政府助学金表格同时也准备了家庭纳税申报单时，他们会象征性地收费。"

申请经济资助有哪些提示和技巧？

在申请经济资助时，我们的经济资助办公人员给出了下面一些提示：

对经济处于困难期的学生，申请经济资助时给出什么建议？

"尽管联邦政府助学金表格收集了基本的经济和人口统计方面的信息，它却不能全面评估一个家庭的整体经济情况。我们鼓励那些正经历经济困难的家庭联系大学的经济资助办公室，去讨论其申请优势，通常情况下，会有一个顾问给出额外经济选择或对经济资助做再一次的评估。"——奎尼匹克大学经济资助办公室资深总监多米尼克·尤雅

"要直面困难。这个国家有4000所学院和大学，每所学校学费都不同。调查这些学校是否在支付范围内，这和调查学校的学术和社会强项同等重要。选择支付范围内的学校，你能保证自己不管怎样还是可以上大学的。如果家里不幸在一年中发生了非同寻常的经济问题，你需要把所有的文件汇集在一起解释这一切。它对家庭经济情况的影响，来年家里的收入会怎么样，等等。这样，大学会进行一次专业审查来决定经济资助包是否变化。"——纽约理工学院入学服务处副处长、教育学博士杰奎琳·尼伦

对父母是中产阶级或中上层阶级的普通学生，有什么建议呢？

"他们在感觉上要和其他学生一样。有一点可以预料的就是，家庭经济能力越好，要求的需求资助就越少；不过，有很多不同类别的经济资助计划是用来帮助所有背景来源的学生的。有些经济资助针对有明显需求的学生，而有些则针对的是学术能力强的、有特殊才能的、有体育才能的、做过社区服务的，或者具备另外一些证书的学生们的。"——奎尼匹克大学经济资助办公室资深总监多米尼克·尤雅

"每个人都有自己能上的大学！这个秋季想要上大学的学生们可以去上！关键是关注这样一个高高奖励：大学学位！比学生上大学更为重要的是去上哪所大学。细化自己申请的大学，确保最后至少有几所可负担的。对有些人而

言，就是选择两年公立或要价低的私立大学。总之，选择不同的大学对每个家庭都会有不同的影响。"——纽约理工学院入学服务处副处长、教育学博士杰奎琳·尼伦

关于经济资助，还有其他的建议吗?

"我能给予学生的最好建议就是，勤奋点！机智些！申请所能找到的资助时全心投入！很多时候，我们看到学生们得到外来的奖学金不只一种，而是很多种，那是因为他们申请了很多种。校园里其实还有很多其他的经济机会，比如勤工俭学计划、带薪实习、社区服务、学生领导（比如做宿舍助理，或加入学生政府），这都可能带来奖学金。所以，三个关键词便是申请、申请、申请！"——奎尼匹克大学经济资助办公室资深总监多米尼克·尤雅

经济不景气的时候怎么办？

经济危机时期，经济资助显得尤为重要。有些家庭引导孩子选择上支付得起的大学；有些家庭则不管学费多高，任由孩子们加入第一志愿的大学。每个家庭最终都是怎么舒服怎么做。面对不稳定的经济时期，经济条件好的家庭在入学申请过程中比较有优势，因为大学都喜欢一次性付清学费的学生。这些学生在申请大学时会提示自己不会申请经济资助，而是按照大学标价付清学费。

许多大学致力于鼓励低收入和少数民族的学生申请入校，有些大学尝试给这些学生增加经济资助。其实经济资助是微妙的，每年政策可能有所不同。有些大学之前是无视经济需求的，但这一时期可能会改变政策。在招生过程中，学生和家长们以及经济资助办公人员保持开放诚恳的沟通至关重要。

避免障碍和危险

"我本该为了 SAT/ACT 考试更努力学习的。"
"我简直不敢相信自己错过了经济资助申请的截止日期。"
"我希望父母那会儿没有那么活跃地参与到申请过程中去。"

大学招生过程是错综复杂的,有太多的具体细节和截止日期。在这个过程中要避免障碍和危险,最好的方法就是有前瞻性,积极准备,提前计划,做好深入的研究。有前瞻性就是要尽早着手,预料一些潜在的问题,这样问题出现时可以很好地进行处理。

假如你真的很想做足准备,那么你可早在九年级时就着手,可以依照第二章讨论过的步骤来做:

- 选择有挑战性的课程
- 参加一些自己有热情和兴趣的活动
- 保持稳定的或呈上升趋势的成绩

如果在毕业前一年才清醒,开始准备申请,还是赶得上加入适合自己需求的大学的,只不过越早准备肯定有益无害。第九章会讨论如果着手时间晚的话有哪些对策可以用。

我怎么做到有前瞻性呢?

在选择大学的过程中要做到有前瞻性,就要:

- 做一次诚实的自我评价（第一章已论述）
- 对自己的经济状况和获得入学的机会要现实一点
- 多做研究、研究、研究（第三章和第四章已讨论过）
- 参加九年级开始的课外活动
- 展示对大学的兴趣，做一份出色的申请材料（见第六章）
- 了解截止日期以及其他要求（可用第一章和第六章的日历及对照表）
- 对自己的学术记录负责，在申请的过程中遵循指示（第六章和第十章谈到）

自我评价

在第一章里，我们就说明了自我评价的重要性。在开始寻找大学之前，要退后一步想清楚自己真正想去哪里。对自己的个性、价值观、需求都有个评估。如果这些都能诚实做到，以后做决定就容易多了，因为做了这些就知道哪所大学适合自己的需求，知道有一种"多级适合"法来选大学。

现实的抉择

在寻找大学的时候要现实一点，主要是对自己被录取的机会以及自己的经济现状抱现实态度。第三章讨论了评估大学的时候学生们应该寻找什么；第七章回顾了大学的各个经济方面。

选择现实一点的大学时要做的和不要做的：

- 不要浪费时间去申请不太会录取你的大学。
- 听从顾问的建议。
- 查看公共数据集或新生资料，看自己是否是录取人选。
- 在寻找大学早期跟自己的家人谈谈，了解家里实际支付能力情况。
- 让父母利用教育基金申请信息计划大学费用。
- 不要申请那些学术上或经济上都无法企及的大学来让自己失望。

明智的研究决定

在申请过程中进行研究能增加找到一所学术和社会方面都很过硬，同时又适合自己的大学的机会。第三章回顾了选择大学需要考虑的因素；第四章给出了参观校园时需要留意哪些方面的信息。

> 提醒：在选择学校的时候，不妨从局外人的角度来想一下。考虑不同地理位置的大学。可能自己都会对一些选择感到惊喜，所以说在最初研究阶段，保持开放的思想。

以下是研究大学时的一些建议：

- 申请几所应付得来的、可能性范围不一的学校（高把握 / 有可能 可能 / 目标 低把握 / 梦想学校——这些术语在第三章里面都有定义）。
- 你列举的每所学校都应该让自己日后在学术和社交上感到快乐。不要盲目跟风，看到有些学生申请名牌大学自己也去申请；只选择合适自己的学校。
- 熟悉大学的招生要求、大学提供些什么、有哪些要求（普通教育或核心需求）是毕业时候所必须具备的。

> "研究、研究、研究。这个过程有时候看起来令人难以置信，但是你知道的越多，你最后做的决定越正确。学生们应该对自己想要去的每所大学都备有几个积极的问题。这些问题会随着调查过程变得多一些或者少一些。他们应该联系每所想要去的大学，并且读些资料（打印的和网上的）。甚至是'当地'资源（我可以说吗？）像父母、其他亲戚、邻居等都可以帮得上忙！"
> ——马卡拉斯特学院招生及经济资助办公室主任洛恩·罗宾逊

尽早开始课外活动

如果真的想做到有前瞻性，就应该在九年级的时候就开始参加一些课外活动。不要参加一些只会让你的履历表看起来很漂亮的活动；参加一些自己真正喜欢的活动可以反映自己的潜在兴趣。最好的发掘自己潜在兴趣的方式就是从进高中的第一天就积极参加活动。大学寻找的是持续不断的责任感,所以说要与活动一起成长,然后在活动中增强领导力。回忆下第一章的计划日历,确保可以参加俱乐部集会来找到一些感兴趣的活动。

行动比语言更有力:如何出众

要在其他申请人中脱颖而出,展示自己对大学的兴趣是非常重要的。第四章提供了一些参观大学时的提示和策略;第六章给出了一些建议,让申请做得出色。

展示自己对大学的兴趣有几种方式:

- **索要信息**。你(不是你父母)应该联系大学索要一些信息。自己做好功课,问些令人深思的问题。斯卡斯代尔高中的教务处主任米切尔·汤普森说:"尽可能地参加校园参观并在学校过夜,另外,在大学升学咨询会后、招生官参观高中时或游览大学校园时,尽量与之沟通。这样很重要。许多学校注意到学生们对它们有明显的兴趣;要知道自己的界限。还有重要的一点是在沟通的时候一定要问相关的问题并且态度要诚恳。"
- **要求面试**。如果可以提供给你一次面试机会,你就可以将自己的兴趣直接表达给招生官、大学的校友和学生们。
- **参加宣讲会和校园参观**。宾汉姆顿大学的本科招生办公室主任谢里尔·布朗说:"最有效了解一所大学是否适合自己的方式就是校园参观。"
- **在你的高中见招生代表**。在第三章已经讨论过这个想法了。这是与能做录取决定的人见面并讨论你的兴趣的另一种方式。
- **与招生官保持联络**。通过电子邮件方式,可以随时向招生官更新你的申请信息,包括成绩和课外活动等。
- **加入"脸书"群和博客**。招生工作中科技起着日益重要的作用。在第二章我们已经讨论过,要注意自己在网络上发布的内容,千万不要发一些让自己日后难堪的信息。记住,父母、招生官、以后的雇主可能都会查看这些网站。我们强烈建议,在提交申请前,检查自己在网络上发布的内容,确保没有什么可以对入学造成危险。
- **申请前先参观大学**。把你对这所学校的了解写进申请里,这样可以具体说明这所学校真的适合你。

从各个方面展示自己的兴趣很重要,因为大学也会在整个招生流程通过追踪与学生的沟通来评测学生对学校的兴趣。伦斯勒理工学院外联处主任雷蒙德·卢茨奇说:"伦斯勒会追踪与学生接触的每一个机会,包括参加校内活动、到另外一个地方做升学咨询会会见志愿者等。招生委员会在审查申请时,会仔细查看学生每次接触学校的情况记录。"

我们的招生顾问小组认为,让招生顾问信服的最好方式就是把申请材料做得脱颖而出。

- 斯卡斯代尔中学的米切尔·汤普森建议你自己要为自己谋利益、冒险并做好自己。写一封有说服力又诚恳的个人陈述,展示你的价值观和性格。第五章回顾了一些让自己的申请出色的方法。
- 宾汉姆顿大学的本科招生办公室主任谢里尔·布朗建议,要好好想想自己如何能够最好地展示自己,包括写一封出色的个人陈述,做过一些领导角色的工作,解释自己特别适合某所大学。
- 印第安纳大学的劳伦·凯和格林内尔学院的南希·马利建议你集中精力选择一些有挑战性的课程并把这些课程学得非常好(第二章讨论过)。此外,还需要想清楚推荐信由哪位老师帮你写(也在第二章有论述)。
- 伦斯勒理工学院的雷蒙德·卢茨奇建议,当你面对着你的理想大学,要表现出极度兴奋而不是烦躁幼稚。他还建议多参观几次大学,提到可能强调你对大学兴趣的一些家族关系和其他信息。

记录截止日期和要求

如果没有注意注册测试和大学申请的截止日期，你就遇到大学招生的最大障碍了。利用第一章的日历来记录重要的截止日期。第六章也提到申请里面有很多内容需要编辑，然后及时提交。你要发送所有测试的分数，充分提醒老师给你写推荐信，并在到期前开始写申请书。

> "解除了大学申请过程中的一切危机，你会发现在等待结果的时候自己会有多轻松！"
> ——昆尼皮亚克大学副校长兼招生办公室主任琼·莫尔

承担个人责任

上大学后，你要对自己的任何行为承担个人责任。隐私法规定，大学可与学生父母沟通，所以你需要学会为自己的利益着想。你要承担的个人责任包括：

- 核实你的成绩单是准确的。
- 检查你的申请书是完整的，确保大学收到了所有的文件和成绩。
- 不要因自己成绩差、错过机会或在申请过程中不知所措而责备他人。
- 保持信息畅通——查看高中指导办公室的网站、简报和手册。
- 多问问题，不要蒙在鼓里只会来一句"没人告诉过我啊"。

怎样才能避免错误？

在大学招生过程中犯错的话会花费钱财，也会导致你错失自己理想的大学。避免错误的最好方式当然是提前计划，记录截止日期，持续和家长及顾问进行对话。

> 提醒：如果你是后备应试者，则早点去到测试中心，成为第一批后备应试者，保证会有机会参加考试。

下面我们一起看下在大学招生过程中最常见的10种错误，再谈谈避免这些错误的方式以及发生错误后采取的行动。

错误 1：错过 SAT/ACT 注册的截止日期

避错策略：将 SAT/ACT 注册的截止日期放在计划日历表上（第一章）。

纠错策略：有些学生将参加标准化考试推迟到高四。好消息是，高四的秋季或春季你还是有机会首次参加 SAT/ACT 考试的，特别是当你所申请的大学定的截止日期比较晚的话。如果你是低年级学生，错过了常规注册的截止日期以及迟一点的注册截止日期，你可以试试后备应试，在考试当天出现。考试中心一般会有几个备份名额，因为有些考生在最后几分钟决定不考了。

错误 2：SAT/ACT 准备得不够充分

避错策略：注册一个网上课程，考试之前充分准备。也有一些专门为 SAT/ACT 设计的考试准备用书。

纠错策略：重新注册一次考试，吸取教训，提前准备。

错误 3：申请材料和个人陈述出现错误

避错策略：特别仔细地校对你的申请材料和个人陈述上出现的语法及其他错误。最好让另外一个人（老师、家长或顾问）帮忙检查。

纠错策略：如果自己意识到提交的申请材料和个人陈述都有错误，赶紧重新提交一份正确的，并告诉招生办公室帮忙将之前的那份信息替换掉。或者直接打电话向招生办公室具体说明。

> "在写我所谓'为什么是×大学'的文章时，也就是通常作为个人陈述补充的这篇文章时，一定确保把大学名称写对。有时候，申请者们把一封申请书反复修改投送到不同大学，但是却疏忽每次都要核对插入了正确的大学名称。"
>
> ——里德学院招生办公室主任保罗·马瑟斯

错误4：对大学的调查不够充分

避错策略： 检查你列举的大学，想清楚是不是列举的每一所大学你都会很高兴去上。

纠错策略： 核实一下哪些大学还在继续接受申请，做完研究和参观后还可以多申请几所学校。

错误5：错过申请的截止日期

避错策略： 尊重招生过程，在申请提及的截止日期内提交所有要求的材料。

纠错策略： 给招生办公室打电话，询问其是否接受迟来的申请，多申请几所大学。

错误6：没有及时提交联邦政府助学金表和其他经济资助表

避错策略： 不要错过这些截止日期，越早提交越好。利用第一章的计划日历表来追踪联邦政府助学金申请表及其他材料的截止日期。

纠错策略： 尽快提交经济资助文件，并打电话给经济资助办公室请求建议。

> "要避免的错误就是表现出对我们的招生过程缺乏尊重。如果我们要求在截止日期内提交资料，你却错过了截止日期，这本身就是个错误。"
> ——纽约理工学院入学服务处副处长、教育学博士杰奎琳·尼伦

错误7：在大学招生过程中过多地让父母参与进来

避错策略： 在招生过程一开始就跟父母沟通好，让他们只给建议而不是过多参与，你自己起主导作用。

纠错策略： 如果你发现自己的父母参与过多，要跟他们好好说，让他们退后一些，并让他们看到你在对整个过程负责。

> "如果你经常给招生办公室打电话询问申请情况（或更糟糕的是让父母打电话过去问），这会让我们感到心烦意乱。"
>
> ——纽约理工学院入学服务处副处长、教育学博士杰奎琳·尼伦
>
> "申请人（特别是他们的父母）不应该老打电话或发邮件烦扰学校。我想大家都不愿意招生办的人是因为你们经常打电话或发邮件而记住你们的名字吧！"
>
> ——里德学院招生办公室主任保罗·马瑟斯

错误8：申请之前没有参观大学

避错策略：申请之前尽量多地参观大学，除非那些学校太远了。参观后你才可以充分回答"你为何申请这所大学"这样的问题。

纠错策略：向学校请一天假，去参观自己理想的大学。实在不行，大学接受申请后再去参观，但是必须是在5月1日的"通用回复日期"前参观，除非你申请的学校截止日期特别晚。

错误9：忘记把SAT/ACT的成绩发送给大学

避错策略：除非所有要求的文件都提交了，否则你的申请就是不完整的。这些文件包括官方的SAT/ACT成绩。注册考试的时候列举出大学名单，在考试的当天把列在准考证上的大学名单带过来，或在考试结束后几日内上网发送成绩。如果发送之前想先看成绩，那么收到成绩后再发送（这通常是要收费的）。

纠错策略：如果你检查网上状态或收到信件或电子邮件通知，告知你的文件由于没有考试成绩而不完整，你可以上网联系大学委员会和/或ACT账户，再将成绩发送给大学。把分数发送给大学可能需要收费。所以一般不要花钱急匆匆地发送分数，而是核对好名单。即使已经过了截止日期，大学还是会接受文件的，你的申请齐全后，大学会再次审核。

错误 10：错过奖学金申请截止日期

避错策略：从大学获取免费的资金是非常重要的，所以不要错过了奖学金申请的截止日期。早点开始了解奖学金，高二或高三就开始查。保存一个关于奖学金的文件夹，获得所有必要的文件，以便符合奖学金最后的申请期限。

纠错策略：如果错过了奖学金申请的截止日期，打电话问问是否你还可以发送申请。否则只能寻找截止日期晚一点的奖学金了。

着手晚了

> "申请时间晚了也没关系,反正有很多大学属于滚动录取入学的,意思是它们会全年持续不断地接受申请。挽救毕业这一年是需要技巧的,但是如果真的想读大学,还是值得一试的。跟老师一起做些附加作业,展现有进步趋势的成绩,让老师和就业指导顾问帮忙写推荐信,以展示你的职业道德和学校成绩都有进步。"
>
> ——纽约理工学院招生服务处副处长杰奎琳·尼伦

如果你像很多青少年一样,那你大概也会耽误像毕业申请那么重要的事情。也有些学生由于拒绝接受现实或害怕离开朋友和家人,会一直等到毕业时再申请。他们认为如果自己晚些申请,离开高中的恐惧感就会减少。另外还有学生则纯属懒惰闲散。不幸的是,大学不会为了等你的申请而一直把门敞开,所以你真的需要尊重它们的截止日期。

如果等到高四才开始行动,要申请并保证申请材料的连贯有力倒也并不太晚,但是也别拖得太久。那些申请数量过多或招生人数减少的大学会比发布的申请截止日期提前终止接受申请,所以记住要赶紧行动!

从哪里着手?

要是等到毕业时你才开始研究大学情况,为了满足截止日期前剩下的申请时间,你要做的工作可就多了。如果没有参加SAT/ACT考试,你就要注册,准备在毕业前的 1 月甚至 3 月把考试完成。查看 SAT/ACT 的截止日期，并在 www.collegeboard.com 或 www.act.org 网站上注册。要准备好这些考试，可以注册网络课程，按自己的节奏来消化，也可以报一个即将开课的考试辅导班，或者干脆请个家教。

此外，还要准备写个人陈述，准备课外活动清单和简历。你可以找两位老师帮忙写有力度的推荐信，还可以邀请至少一位老师证明你毕业这一年各方面都做得很不错。如果你是后来成绩才好的学生，那么就让老师写推荐信的时候着重强调你成绩的上升趋势。大学欣赏诚实的品格，所以如果高中前两年你成绩并不算好，但是后两年成绩却有显著的飞跃，你就应该在个人陈述中强调这一点。

如果你并没有积极地参加课外活动，千万别在毕业这一年加太多进去，大学并不会被你这个手段骗过。可取的做法是，挑一两个你确实感到有热情且有兴趣的课外活动来写，表明你上了大学仍会保持这些兴趣。如果你有什么特殊情况导致不能参加课外活动，也要在申请材料中提到。

即使一所大学都没有参观过，这也不算太晚。虽说申请前参观学校是更可取的，你仍可在 2 月、3 月、4 月以及 5 月 1 日截止日期前进行参观。如果申请的学校的截止日期在 5 月 1 日以后，春季到夏季期间你都还可以去参观。把注意力放在去选择和申请那些最有可能性、目标性、支付得起的大学，这样可以增加你被录取的机会，尤其是你成绩单上的成绩并不是一致的时候更应该这么做。上网研究一些大学，把选择范围缩小到一些你认为被录取后会很乐意去上的几所大学。现在不是时候申请太多不现实的大学，只要去申请对你来说现实的大学。你可以考虑申请社区大学，证明你可以成功地完成大学课程，其学分通常可以转换成四年制大学学分，学费也相对便宜一些。

这时候就要忽视那些毕业时消沉的同学，这就是所谓"高四倦怠症"。记住，高四的成绩是至关重要的，你需要靠这些来展示自己具备在大学成功所需的学术能力。在这一章的最后，一份"待办事项"清单会提醒你在短期内需要完成的具体细节。

已经错过一些截止日期怎么办呢？

幸运的是，许多大学的截止日期是在 2 月 1 日或者更晚，有些是在暑假。当然，申请得越早，被录取的机会就越大，特别是那些滚动录取的大学。然而，有很多大学的截止日期都特别晚。如果高四开始时你还没有大学计划的话，还是可以赶得上秋季入学的，只要你能集中时间和精力完成申请就可以了。第三章提到过，通过 CA 通用申请或 UCA 通用大学申请网申可以节省很多时间。

注意：对延迟申请的人来说，收到拒绝信是相当正常的。可能他们看起来就没有投入太多的脑力和精力到申请中去。

你的就业指导顾问很清楚哪些大学的截止日期比较晚，你也可以查找 CA 通用申请或 UCA 通用大学申请的网站，还可以查看单个大学网站关于截止日期的信息。此外，还可以打电话给那些过了最后申请期限的大学，咨询其是否还能继续接受你会马上投过去的申请。有些大学如果秋季还未录满学生，是可以接受申请的。下面的表格列出了截止日期是 2 月 1 日或更晚的一些大学，你可以研究一下，开始行动！

截止日期比较晚的大学名单	
艾德菲大学	3 月 1 日
阿尔布莱特学院	3 月 1 日
加利福尼亚州：贝克斯菲尔德大学，弗雷斯诺大学，萨克拉门托大学，圣贝纳迪诺大学	3 月 1 日
凯尼休斯学院	4 月 1 日
圣达菲学院	8 月 31 日
科罗拉多州立大学	7 月 1 日
库利学院	4 月 1 日
德鲁大学	2 月 15 日
德雷赛尔大学	3 月 1 日
埃克德学院	6 月 30 日
富兰克林与马歇尔学院	2 月 1 日
古斯塔夫·阿道夫学院	5 月 10 日
哈特威克学院	2 月 15 日
霍巴特和威廉·史密斯学院	2 月 1 日

续表

截止日期比较晚的大学名单	
霍夫斯特拉大学	6月11日
爱欧纳学院	2月15日
伊萨卡学院	2月1日
拉萨尔大学	4月1日
莱莫恩学院	2月1日
曼哈顿维尔学院	3月1日
马里斯特学院	2月15日
米尔萨普学院	6月11日
默兰伯格学院	2月15日
佩斯大学	3月1日
昆尼皮亚克大学	2月1日
理查德·斯托克顿学院	5月1日
罗切斯特理工学院	2月1日
罗杰·威廉斯大学	2月1日
罗素·塞奇学院	6月11日
锡耶纳学院	3月1日
纽约州立大学奥尔巴尼分校	3月1日
纽约州立大学科特兰分校	5月31日
纽约州立大学弗雷多尼尔分校	5月1日
纽约州立大学帕尔兹分校	4月1日
纽约州立大学奥尼昂塔分校	4月1日
史蒂文斯理工学院	2月1日
达拉斯大学	3月1日
爱荷华大学	4月1日
玛丽·华盛顿大学	2月1日
马萨诸塞大学波士顿分校	6月1日
纽黑文大学	8月20日
波特兰大学	2月1日
斯克兰顿大学	3月1日
塔尔萨大学	3月1日
沃巴什大学	2月1日
华盛顿和杰斐逊大学	3月1日
泽维尔大学	2月1日

如何挽救高中的最后一年？

高中毕业这一年是非常重要的。大学期望你能够学满挑战性强的课程，很多大学，尤其是名牌大学，都对这一年的成绩有要求。如果你的成绩勉强合格，那么高中毕业这年尤为重要，因为它可以说服大学你在学术上是认真的。大学认为成熟也是学生的一个要素，所以高中毕业这一年是证明自己的好时机。如果你起步较慢或成绩有波动，那么高中毕业这一年是你展示自己为大学做准备的一个好的方式。

第二章已经讨论过，大学要的是积极的趋势（成绩每年上升的趋势）以及好的毕业成绩。马卡拉斯特学院的洛恩·罗宾逊认为：“很明显，大学认为后起之秀比那些高中最后几年成绩下滑的学生更为积极。”

延迟一年升大学是另外一种解决方式。昆尼匹克大学副校长及招生办公室主任琼·莫尔说：“并不是所有学生都必须选择传统的入学方式，有些学生高中毕业后想工作或旅游一年。有些会先上一年社区大学，付一些合理的价钱来增强自己的学术能力，然后将学分转到四年制大学学分，最后他们也会获得学位。只要有动力，一切都不晚。”

> "准备非常重要。依赖最后一刻的灵感就如同掷骰子一样，你期望两个骰子都是最大点，这想法很不可思议。毕业时如果没有很强的学术记录或课外记录，大部分的申请者是没有优势的。但是只要成绩是呈上升趋势的就有帮助——这怎么也不晚，即使是发生在毕业的这一年。高中毕业后，这些后来居上的学生需要展示进步的记录，或考虑有了一两年的好成绩后转入一所接纳他们的大学中去，或利用间隔年增加一些学术内容上去。"
>
> ——里德学院招生办公室主任保罗·马瑟斯

高中毕业前要"赶着"完成的清单

如果你将研究、计划、参观、申请都留到毕业这一年，要准备有效率的申请，就需要追赶上所有这些步骤。下面的表格是你着手晚的时候需要做的一些清单：

要"赶着"完成的待办清单		
活动	√	笔记
研究		
检查成绩单是否准确		
与父母和就业指导顾问谈话		
做一份自我评价（第一章）		
选择一些如果录取你你会乐意去的大学		
参观大学		
考试		
建立一个 SAT/ACT 考试账户		
注册考试，把成绩发送给大学		
有必要的话，在毕业这一年的秋季和春季参加 SAT/ACT 考试		
申请		
找两位老师写推荐信		
准备好课外活动清单/履历表		
写一封个人陈述/简答题的初稿		
修改文章，并请两三个人给出反馈意见		
网上申请，使用 CA 通用申请、UCA 通用大学申请或大学自己的流程申请		
提交前校对申请材料		
确保所有申请文件都提交了		
跟踪		
查看网上状态或致电大学询问		
文件提交两到三周后，核实是否所有文件都成功提交了		
检查和评估录取通知书		
通知大学你接受了录取，寄送保证金		
拒绝其他的录取通知书		

接下来我需要做什么?

"恭喜你!我们很高兴地通知你,你已被_____班录取了。"

在完成了艰难的大学申请后,这些话是你最急切想要听到的了。你完成了申请,确保所有的文件已被接受,核对了文件的完整性,也参观完了大学,完成了联邦政府助学金申请和其他经济资助需要的表格,你在高中毕业时保证了平均绩点,现在就是等待真相来临的时刻——得到大学的回复。

大学什么时候会通知我?

在高中毕业这一年的任何时候你都可能收到大学寄来的通知,时间取决于你是如何申请以及什么时间申请的。下面的表格列出了收到录取决定的大概时间:

录取类别	预期通知日期
滚动录取	完成申请后的2—8周
提前录取	12月中后期
提前行动	1—2月
提前录取第二批次	2月
常规录取(截止日期至2月15日)	3—4月
常规录取(截止日期在3月1日以后)	4月到夏末

大学怎么通知我?

大学录取决定有好几种方式。这么重要的通知有几种标准的方式,可以跟大学核对，还可以问指导顾问你怎么收到通知。可能的选择包括：

- **信件邮寄**：有些大学还是使用安全、传统的信件邮寄方式。
- **电话**：一些私立大学用打电话的方式通知好消息。
- **电子邮件**：你可能通过电子邮件收到录取决定，也可能通过电子邮件告诉你要上网查账户。
- **大学网站账户**：如果你建立了一个账户，并且有了用户名和密码，那么在大学网站的录用栏就可以"查找状态"。需要确保在录取通知开始前就建立好了自己的账户，防止登录时出现潜在的问题。

缓解打击情绪或夸大喜悦之情

网上的录取通知很多是在白天发布的，这时学生还在学校上学，收到坏消息的学生会感到异常烦恼和沮丧。鉴于这点，很多大学都在下午5点以后才发布录取通知，这时学生们都离校回家了。拒绝信的发布都是权衡过的，因为网上的拒绝经常让人觉得生硬冰冷。有些大学拒绝信的语气特别缓和，为的是减轻学生可能感到的痛苦。

另外，信件邮寄的录取通知书喜欢用些华丽辞藻修饰，目标是怂恿学生接受。因为一些学生申请的学校多，大学要鼓励你选择它，就会给你邮寄"额外的惊喜"，包括T恤衫、海报、贴花纸以及大学专有的纪念品。还有些大学会增加私人体验，让你链接到它们做的喜气洋洋的视频、短信息、电话、个性化信件等。

可能出现哪些录取决定？

我们之前已经讨论过，申请滚动录取、提前行动、提前录取的大学，收到通知决定就会早一些。通知包括下面的决定：

- 拒绝
- 延期录取
- 有条件录取
- 接受
- 候补录取

拒绝

你的申请可能会被你理想的大学或对证书要求比较高的大学直接拒绝。接到拒绝并经历最初的伤心之后，这时你最好专心等待那些尚有机会的学校发来的消息。有些学校提供申诉过程，你可以要求它们根据你新增加的信息对申请进行重新评估。当然，你最好询问招生办公室是否可以这样做。

延期录取

许多学校利用"两面下注"分散风险，所以你收到那些提前行动或提前录取的延期录取通知也是很正常的。它们并不排除你会被录取的机会，但是它们要等着看常规录取过程会有什么类型的学生来申请。如果你收到延期录取的通知，那也是一个好兆头，表明你的申请有人在考虑中，只不过没法保证最终会被录取。你可能要与招生办公室的人员保持联系，向他们更新你最新的活动，表明对其学校一贯持有的兴趣。一旦收到延期录取通知，最可能发生的是与那些常规录取申请者同时收到最终的录取决定。

有条件录取

有条件录取是一种可能性较大的录取通知，一般适用于当申请看起来不错，但某个或某些地方有缺陷，比如成绩或SAT/ACT成绩不理想时。有条件录取也许会要求你减少课程量（比其他学生上的课少一些）或者在第一学期或学年试读。试读意味着你的学术进展有人监督，确保你不会挂科或退学。另一种可能是，你可能在另外一个学期，比如夏季或春季，或另外一个校区，被录取。所以在收到有条件录取通知后，要格外小心，仔细阅读，找出是大学主校区还是分校区录取的你，这样才能评估自己去分校区是不是一个好的计划，也可以问问是否还有机会转到主校区去。保持高"新生留存率"，保证新生会在第二个学年回到学校是很多大学的主要目标。有条件接受的基础上录取你，会让你在大学一年级都老老实实的，如果你表现得不错，就能通过有条件录取而在学校继续下去。

录取

在整个大学录取过程中，你一直想要得到的就是接受。申请被大学接受了，意味着庆祝高中辛勤努力的时候就到了！

候补录取

大学的候补录取通知的意思是大学在认真考虑对你的录取。但是，你却不得不等到春末或夏季才可得到大学的最终决定通知。"被候补"的更多信息，以及怎么对待这个问题会在本章末讨论。

好几所大学同时录取我，我怎么决定上哪所大学？

你可能认为，发出了最后一封大学申请后就结束了所有的艰难工作。然而，如果你收到好几所大学的录取通知，你还有一个重要的决定需要做。

> "在一所大学体验到成功和快乐与其说是取决于大学的排名或名气，还不如说是取决于找到了合适的匹配，参观大学后的第一感觉会是那种潜在匹配度的一个重要指示。不要忽略它。
>
> 学生们有不同的学习方式，即使是对最勤奋的学生而言，大学的体验与高中的体验也是截然不同的。在你最终锁定的大学名单中，试着先去感觉一下学习体验，而不是着急做出最终承诺；你可以和里面的学生、校友甚至教职工谈谈。"
>
> ——格林内尔大学招生办公室主任南希·马利

总结一下，你需要考虑多方面的因素来决定自己上哪所大学，问问自己下面的问题：

- 哪所大学满足我所有的需求？
- 我父母/亲戚是怎么想的？
- 我朋友/伙伴是怎么想的？
- 选择每个大学的经济后果有哪些？
- 我对其是否有共鸣？（未知因素）

> "对每个决定都要下一番苦功夫。不要管朋友和家人的意见，试着搞清楚哪所大学会最让你感到高兴、成功。如果有必要，回去参观每一所你列举的大学，但是记住，这一次参观，你的角度不是'我能否被录取'，而是'我是否想在这里学习、生活四年'。很多学生反映，4月份的大学参观（接到录取后）是大学选择的决定因素。"
> ——里德学院招生办公室主任 保罗·马瑟斯

没有一所适合每个人的"最佳匹配"大学。但也许会有很多所大学都可能很好地满足你的需求。对未来是否会成功的一个重要预测指标是你在大学过得好不好，而不是你上的哪所大学。有些学生做的决定很有逻辑，有些学生却纯凭感觉做决定，逻辑和感觉对做决定来说都是有价值的。回头看一下第三章的标准清单，可以回顾一下你如何评估自己的潜在大学选择。

我们都知道家人在大学录取过程的重要作用，尤其是在选择上哪所大学时更加重要。跟家人谈谈，问问他们的建议和他们做此选择的原因。家庭影响通常也是做决定过程的一个重要因素。

很多人特别在意自己的朋友或熟人会去哪里上大学。你想要上大学时至少有一个朋友一起吗？你想离开你熟悉的群体，成为一所大学里没有熟人的一个人吗？唯一的忠告是你要搞清楚自己适合什么，而不是盲目随大溜儿。现在就是独立思考的时候，所以最终你要做的就是自己最感兴趣的事。

经济原因可能成为你最终决定的一个主要因素。你可能要选择一所你有能力支付的大学，当然同时它又能满足你的其他需求。经济衰退期间，经济原因会成为一个你不想处理但是你必须面对的现实。直到3月或4月，收到大部分大学的经济资助包后，还可以做决定，这时可以比较第七章讨论过的经济资助包。所有不同收入水平的学生都需要在做最终决定时考虑现实经济状况。

一旦收到录取通知书，再次参观大学通常是个好主意。在选择大学时，不要受到"未知因素"影响。很多大学举办"接受学生日"，你可以在这遇见自己专业的其他学生和教授。你还可以参加"住在校园"参观活动来感受住在那里的感觉。

> "在找大学时，需要将选择范围缩小，试图想象在每个大学里的场景。哪所大学让你感觉最舒服？参观那些你认真考虑过要去上的大学——不要依赖道听途说的信息，觉得自己已经了解了。花点时间研究校园，与学生们交流，去课堂旁听，去图书馆转转，看看周边的小镇。学生们一般会创建一个'脸书'账号——'某某班报到中'；加入其中，然后看看怎么和其他一些也认真考虑要去那的学生联系。正如有个学生所说：'我知道昆尼匹克适合我，因为我想到当我父母开车离开时我会很好。'那么你就找个那样的地方吧！"
>
> ——昆尼皮亚克大学副校长兼招生办公室主任琼·莫尔

通常回复大学的日期是什么时间？

做出最终决定后，你必须在5月1日前通知自己要去的大学。5月1日就是所谓"通用回复日期"，因为这一天是全国所有的大学统一接受学生回复最终决定的截止日期。5月1日是在邮件上盖邮戳的日子，这天你必须邮寄你的回复。当然，这一天不适用于你已经申请并被提前录取学校录取的情况。在其他录取计划情况下，5月1日之前不要求你给大学答复。

> 如果你收到了大学的录取通知，要求5月1日之前一并邮寄决定和保证金，那么这所大学可能违反了NACAC的"良好规范原则"。要求早日回复的大学必须

给你一个机会将回复日期延长到 5 月 1 日。如果你遇到大学关于延长回复日期的麻烦，你可以和指导顾问一起投诉，或者可以直接通知全国大学招生顾问协会。

全国大学招生顾问协会
1050 N. Highland Street，Suite 400
Arlington，VA 22201
800-822-6285/703-836-2222

对于你决定不去上的大学，也要求发通知。很多学生忘记了这件事，但是通知所有大学是你自己的责任，这样你作为新生的位置还可以被那些候补录取的学生获得。你想想自己也有可能是一所大学的候补录取人，所以要具有一般的礼节，将自己的想法通知到所有录取你的大学。

通知你不想去的大学，可以退回它们随录取通知书一同邮寄的回复表，或者给大学招生办公室写一封简短的信件。你可以用下面的样本信函：

日期
大学名称
地址
亲爱的招生办公室人员：
非常感谢你们秋季录取通知书＿＿＿＿＿＿＿＿。我已经决定去另外一所大学（另外一所大学的名称可选择性填写），所以我不会接受你们的录取了。
真诚的，
（这儿写上你的名字）
名字
身份证号

入学登记表和保证金

在回寄"入学意愿"表时，可能还要求你一同邮寄入学保证金和住宿押金。如果你准备计划了一年的间隔年，你需要和学校核对一下，是否这次就需要寄出保证金，还是说可以等几个月。你只能给一所大学邮寄保证金。唯一的例外就是你被一所自己认真考虑想上的大学列为候补录取了。很多学生不知道自己是不允许寄送"双重保证金"的，也就是说不允许向两所以上的大学邮寄保证金。

很多学生和家人都认为寄送双重保证金也不会伤害到别人。只是，双重保证金与全国大学招生顾问协会的伦理原则相违背，而这项原则是需要学生、顾问以及大学都遵守的。如果哪一所大学发现你邮寄了双重保证金，很可能两所大学会同时撤回录取申请。在大学录取过程中，有许多规章制度需要人们去执行，这一实践当然是你需要注意的。

我是不是需要间隔年？如果需要，我该如何延迟接受录取？

间隔年是高中毕业后的一次体验，你可以专注于研究、工作、志愿活动、旅游，或参加其他一些活动。如果有大学录取你，你又想要间隔年，你必须要求大学延期接收，将你的录取名额保留到下一年。

间隔年有很多好处，是一次很好的机会，让你可以：

- 获得有价值的人生体验
- 变得成熟、有想法
- 集中精力于潜在的专业/事业
- 攒钱上大学
- 只要你没有接受另外一所学校的录取，你可以重新申请最初没有接受你的学校或项目大学通常赞成学生间隔年的体验。有些大学，包括哈佛和普林斯顿，鼓励自己的学生去体验间隔年。普林斯顿2009年秋季入学的学生还有一个最新的项目叫"桥接年"。这个项目都是些有兴趣的学生加入的，是免费的。学生们九个月都在国外加入社区服务项目。如果成功了，这个项目未来还会推广到其他班级。

每所学校同意延期的政策截然不同。所以你要申请延期入学的话，应该查看一下学校的政策。你还需要找找看有没有一些奖学金或特别项目，包括荣誉课程，你是否会和下一年的申请者们一起接受评估。如果大学不接受延期，你就需要重新激活你的申请或用新的申请文件重新申请。这些都需要查看大学的政策。

要求延期需要完成一个"延期请求表"，有的大学有，或者可以给招生办公室写封信。样本信件如下：

> 日期
> 大学名称
> 地址
> 亲爱的招生办公室人员：
> 非常感谢你们的录取通知书。我希望请求一年的延期来参加（项目名称）。
> 我期望可以在____年秋季加入（大学名称）。非常感谢你们能考虑我的请求。
> 真诚的，
> 姓名
> 身份证号

提交了请求后，就会收到大学的回复，告知是否接受请求。还会收到指示你是否需要重新激活申请或重新申请，或者你的名额会保留。如果还有什么疑问的话，可以咨询招生办公室。

> **间隔年:大学政策和观念的一种**
>
> "某一年入学的学生可能会要求延期一年入学。他们必须给我们写信并且告诉我们延期的原因,以及他们这一年过渡期的计划。如果我们认为这个计划是有价值的,我们就批准,不过这都不能保证。延期时间最多是一年,在过渡期这一年,学生必须同意不会去申请另外的大学,不会去别的学校报名。"
>
> ——马卡拉斯特学院招生及经济资助办公室主任洛恩·罗宾逊
>
> "学生们经常完成了申请程序,等我们录取后,他们又要求有一年的间隔年,告诉我们计划。他们可能想旅游,或工作——我们唯一的限制是他们不可以参加课程——否则就会成为转学生,而那个程序是不一样的。对间隔年学生,我们持有所有的信息,到下一年的申请程序中我们会激活他们的档案,到时候再发送录取信息包给他们。这个间隔年可能会改变他们的整个方向,或者说提供所需的节奏改变,或者可以准确断言他们想要去做什么。"
>
> ——昆尼匹克大学副校长兼招生办公室主任琼·莫尔
>
> "在里德学院,我们发现间隔年学生更加成熟,注意力也比较集中。我们丝毫不反对学生要求间隔年。我见过的间隔年学生,无一不是有着积极的体验的。"
>
> ——里德学院招生办公室主任、教育学博士保罗·马瑟斯

间隔年有很多项目。有的是免费的,有的则要花钱。为了保证间隔期被认可,你应该在延期要求里尽可能地提供充分的信息。如果间隔年选择的是知名项目,那么要求得到批准的机会会高很多。你可以着手研究一下以下项目:

项目名称	网站/说明
非洲领袖学院 African Leadership Academy	www.alagapyear.org——为期10个月的项目,地点在南非,学生们选择的服务性项目
美国部队 Americorps	www.americorps.org——学生们在美国参加的服务项目,免费提供生活津贴,有时候还有住房

续表

项目名称	网站/说明
奥杜邦（美国鸟类学家、画家和博物学家）Audubon	www.audubon.org——为志愿者提供各种机会，不同地方都有些项目可以参加
棕色窗台 Brown Ledge	www.brownledgegapyear.com——学生们在美国的各个城市旅游，参加服务项目，根据体验建立自己的纪录片
露营山协会 Camp Hill Association	www.camphill.org——在北美10个露营小区中，选择一个小区帮助有发育性残疾的人
间隔年项目中心 Center for Interim Programs	www.interimprograms.com——花一定费用的咨询项目，适合间隔年体验
城市年 City Year	www.cityyear.org——在美国18个城市选一个地方做家教或指导，主要参加课外项目或青年项目
居住性实习项目 Dynamy Program	www.dynamy.org——经验性的、居住性的实习项目
丰富小径 Enrichment Alley	www.enrichmentalley.com——为不同的间隔年项目提供信息及链接
全球工作 Global Quest	www.gquest.org——为期12周的泰国和厄瓜多尔项目，学生可以参加现场工作、远足、实习和服务工作
全球服务 Global Service	www.globalservicecorps.org——提供各种海外服务学习项目，包括教英语、防治艾滋病以及国际健康
国际合作与发展研究院 Institute for International Cooperation & Development	www.iicd-volunteer.org——志愿者参加非洲、中美洲、和巴西的服务项目
跨越 LeapNow	www.leapnow.org/index.php——为期9个月的各个国家多方面的项目，包括旅游、服务项目和实习
以色列之旅 MASA Israel	www.masaisrael.org——交换所机构提供150多个机会，可以在以色列待上一个学期或一年
全国户外领导学院 National Outdoor Leadership School	www.nols.edu——提供许多种野外或户外的经验性项目
外出 Outward Bound	www.outwardbound.org——提供美国、加勒比以及南非的各种野外、户外远征
行星间隔年 Planet Gap Year	www.planetgapyear.com——提供美国和海外的一些间隔年体验数据库
国外项目 Project Abroad	www.projects-abroad-org——参加者可以在非洲、亚洲、东欧、拉美、南太平洋做志愿工作、教书或参加考古学项目

续表

项目名称	网站/说明
乡间小路 Rustic Pathways	www.rusticpathways.com——参加者可以从各种项目中选择一些参加,或者在不同国家做自己的间隔年项目
关于世界的一切 School of Everything	www.schoolofeverything.com——社会学习网站,可以找到有关任何话题的课程和老师
海上学期 Seamester	www.seamester.com——提供学术和冒险航行,参加者可以学习海洋学、海洋生物、航行和领导艺术
海上学期 Semester at Sea	www.semesteratsea.org——提供海上航行,调查不同地点的新的文化、土地和人们
志愿网 ServeNet	www.servenet.org——提供全国的各种志愿机会
间隔年优势 The Gap Year Advantage	Gapyearadvantage.com——是提供间隔年计划和实施建议的一本书
跨国界思考 Thinking Beyond Borders	www.thinkbeyondborder.org——为期35周的项目,提供美国和海外的各种服务学习机会
有龙的地方 Where There Be Dragons	www.wheretherebedragons.com——提供各个国际地点的各种体验性项目,培养跨文化教育、国际公民和社区行动
了解世界 World Learning	www.worldlearning.org——实施70个国家的国际教育和发展项目

如果我被候补录取了会怎样?

在等大学的回复时,有一个可能的结果就是你是被候补录取的。其实,在候补名单上是积极的事情,因为它比收到拒绝更合意。如果是自己志愿选择的大学将你候补录取了,这意味着你可以和大一新生班的其他人竞争,只不过初始名额已经满了,所以暂时是不能被录取了。记住,大部分大学的目的是招满新生,这样它们才不会损失收入。

不过,5月1日通用回复日后,大学会放开更多的名额。那时就会有很多大学联系候补录取的学生。由于大学在5月1日之前是不确定大一新生有多少名额的,那么每所学校每年的候补录取学生以及最终从候补录取中被挑走成为正式录取的学生也都是变化不定的。

> "收到候补录取信件多少会令人沮丧，尤其是当这封信件是从自己想上的大学发来的时候更是让人焦急万分。但在候补录取名单上并不是说你最终上不了这所大学。我的建议是你得让大学知道你的兴趣（找个方法回复'候补'），但是这个做法只有当这所学校是你的第一志愿或第二志愿时才可取。千万不要只是为了上个大学而这么做。如果这所大学最终录取了你，你却不是很想去，你还不如让'候补录取'名单上的其他学生先这么做呢。学生们可以提供学年期中成绩，或相关的一些新信息，如果学校是第一志愿——一定要让其知道这点。我推荐学生自己而不是家长去给大学打电话。如果最终你不在候补录取名单上，而是被正式录取了，那么大部分的大学都期望这时候你至少有50%的可能会接受其录取。"
>
> ——昆尼匹克大学副校长兼招生办公室主任琼·莫尔

当然，从候补录取转为正式录取的机会不是很好预测。据莱斯大学网页信息，2007年从候补录取转正式录取的学生只有6名，但2006年却有110名。可见每年有多少从候补录取转为正式录取有多难预测了。

当自己的名字出现在候补录取名单上时，就需要问问自己是否想这样保持着。你可以保留好几所大学对你的候补录取，但是不要发送保证金或承诺书过去，除非大学给你发了官方的录取通知书。你对候补录取的答复必须在某特定的一天完成。如果已经被第一志愿录取或者对录取你的学校感到满意，你就可以拒绝别的学校发来的候补录取通知。不过，如果你对录取自己的学校不满意，或者被第一志愿的学校候补录取了，这种情况下最好能接受候补录取。要是保留了候补录取，你可以继续前进，接受另外一所学校的录取，并且按照要求于5月1日前将保证金寄送过去。最后，如果那所候补录取你的学校将你转为正式录取，你又想去上这所学校，但是你的保证金又寄到了另一所学校，你是可以撤回先前的保证金，然后接受候补录取你的那所学校的正式录取的。这是唯一一种存在交两次保证金的情况，而且通常有可能寄送到第一个学校的保证金要不回来。

被候补录取没有什么不好的，除非你恰好处于不定状态，自己也拿不定主意去上哪所大学，5月份和6月份都可以等待候补录取的消息，最晚至8月1日之前一定会有通知的。

> "里德一直都保留着候补录取的传统。在过去7年里，我每年都见证了里德从备选名单上录取学生——有时候只有14个，有时候是40个。学生们收到备选决定的通知后，最好能告知招生办公室（书面）他们想要看到一个备选名单上的鲜活前景，换句话说，如果最后录取了，是会来报名的。许多名牌大学鼓励那些候补录取的申请者们寄送增强录取机会的补充资料。4月份的最后一周，对学校仍有兴趣的那些学生应该再次写信或致电招生办公室表示自己的强烈兴趣。很多招生办公室想要把最后的录取通知书给那些愿意接受的候补录取学生。相反，如果你对上这所大学并不是有多大兴趣，也要告知招生办的工作人员，这样他们可以集中精力考察那些希望能得到录取通知书的学生们。"
>
> ——里德学院招生办公室主任、教育学博士保罗·马瑟斯

很多学生在想是不是他们是被按照候补名单上的数字进行了排名，实际上不是这样的。候补录取学生的申请都是要重新审核的。最后是否接受主要取决于大学新生班怎么构成，需求是什么（学术的、体育的，等等）。你可以通过下面的方式来增加自己被接受的机会：

- 保持高四成绩
- 通过信函或电子邮件更新文件，展现最近的成果和对大学

> "是的，跟很多名牌大学一样，我们每年都有许多学生在备选名单上。我们如果有更多的名额，会录取这些学生。晚一些时候（5月1日回复期后），我们可能发现有更多名额来录取一些学生，那时我们会重新核查他们的申请。最后录取谁主要取决于那时我们新生班的构成。候补录取学生应该保持文件更新，随时可以提交额外的成绩单或者更新的活动、奖励信息。"
>
> ——马卡拉斯特学院招生及经济资助办公室主任洛恩·罗宾逊

持续的兴趣
- 写新的申请短文
- 从资深教师或者其他人那里获得新的推荐信
- 计划重新参观大学，表达自己的兴趣
- 通过电子邮件与招生代表保持沟通
- 考虑候补录取条件，如转学保证（如果满足了一定的平均绩点要求，你可以作为转学生被录取）、交流学期或交流校区。

毕业成绩很重要吗？

在审查了你最后高中毕业的成绩单后，我们失望地发现你的毕业成绩下滑了。我们的录取通知是要看你是否可以漂亮地完成毕业课程的。鉴于此，我们很担心你将来是否会学业有成。所以，我们决定采取以下的行动……

如果你收到了上述信件，那意味着你得了可怕的病——"老油条病"。关于"毕业成绩很重要吗"这样一个问题，我们可以着重回答，是的，很重要！如果你不认真上好毕业课程，到时候大学可能会这样通知你，说你没能完成最后的交易。即使录取你也是有条件的，那就是你一定要成功结束毕业课程。对成功结束毕业课程，不同大学不同学生的定义是不同的。对于90分的学生，成绩不得下滑到80分到85分左右。对于80分的学生，成绩不得下滑到接近70到75分。总之，如果成绩下滑了5分，你就可能收到一封"失望信"。

很多毕业生误认为毕业这一年可以混日子，好好享受高中的最后时光。高中四年，不是像很多高四学生想的是三年，所以毕业年还要继续认真上课。你的大学录取可能处于危险的境地，所以不要忽视了下面的警告：

- 老师将电话打到家里或将信件寄到家里
- 不明原因旷课次数增多
- 成绩下降

不要低估了这些问题的严重性。大学可能采取几下几种行动：

- 撤销或撤回录取通知书
- 让你打电话或写信解释成绩下滑的原因
- 让你留校察看
- 撤回奖学金
- 要求与学术委员或主任一起开例会

记住，大学在6月底或7月才收到你最后的成绩单，所以你到7月后期或8月份才有可能收到"失望信"。而那时，你也许已经告诉大家你要去哪所大学，不久就开始上课了。如果那时候才收到信，就要马上回复了。你必须要解释清楚自己的过失，表示合理的愧疚，并承担一切责任。如果你足够幸运，大学会接受你的道歉，准许你秋季入学，当然前提条件是你同意了它们强加给你的一些条件。如果高四完全搞砸了，连录取资格都被撤销，你就不得不在最后关头做出重大改变，改上另一所大学。不要让高四倦怠症发生在你身上，否则后果将会十分严重和尴尬。好在现在你可以避免这种情况发生。因为已经有人事先给你提了醒，你就要认真地上高四的所有课程。

大学招生顾问眼中的"高四倦怠症"

为了让你知道高四倦怠症的严重性，我们来看看大学招生顾问对高四成绩是怎么看的：

"学生需要在高四年级保持学习成绩。高四学生需要防止成绩下降，不能图轻松选一些简单的课程。多数重点大学格外看重学生的高四课程和成绩，因为高四课程可以为上大学做最好的准备。

高四成绩绝对重要。在评估申请时，重点大学十分关注高四成绩。重点大学

> 在评估提前录取申请者时经常核对学生高四上学期期末考试成绩。
>
> 通常来说，大学招生越严格的学校，越看重高中各年级成绩。"
>
> ——里德学院招生办公室主任、教育学博士保罗·马瑟斯
>
> "没有高四上学期期中或期末成绩，大学是不会给出录取决定的。如果被录取的学生高四成绩与以前成绩相距甚远，大学会联系学生询问原因。如果高四成绩为 D 或 F 且没有合理的解释，想被大学录取几乎是不可能的。"
>
> ——格林内尔文理学院招生办公室主任南希·马利
>
> "是的，高年级也很关键，所有的大学都会要求你提供一份高中学校的最终成绩单。我们希望看到你是一个专注努力的学生。有的学生认为'已经是高年级了'，对待学业就没有那么认真了，这样的表现会让我们认为他上大学后也会做同样的事。我见过这样的学生被拒录。记住，被录取不是最终目标，最终目标是拿到大学学位，所以不能放松对自己的要求。"
>
> ——纽约理工大学招生服务处副处长、教育学博士杰奎琳·尼伦

除了高四成绩差之外，大学撤销你的录取资格还有以下几个原因：

- 申请时提供虚假信息或陈述
- 行为不端，包括使用暴力、作弊、毒品犯罪、偷窃以及发布不良网络信息
- 向多所大学交纳保证金

你费了这么多心力才被大学录取，千万不要因为违反上面的伦理原则而承担通知书被撤销的风险。这些违规行为已经在第六章讨论过了，更详细的信息请见附录 E 中的全国大学招生协会的"大学招生过程中的学生权利和责任"。

高四我有哪些责任？

之前已经讨论过了，对于上大学来说，高四至关重要。虽说高中就要毕业了，你要做的事情还多着呢。你的责任包括：

- 确保你的申请材料是完整无缺的，确保所有的文件大学都收到了（你可以用第六章里面的追踪申请对照单来帮忙）
- 感谢老师和顾问为你写推荐信（一封真诚的感谢信或一个小的表示都是合适的）
- 一旦收到录取通知书，最好能重新参观学校以便做出最终的决定
- 确保父母已经在1月1日（第七章已经讨论过了）后尽快把联邦政府助学金及其他资金资助文件归档了
- 考虑找份工作帮忙支付大学学费
- 研究自己可能有资格申请到的奖学金，并且能够及时申请（查看第七章和附录B中的奖学金样本）
- 如果有可能（本章已讨论过），研究并计划间隔年
- 计划入学前的夏天做点什么，比如实习、志愿工作、旅游、研究
- 复查你要上的大学的普通教育或者核心要求
- 准备入学——参加宣讲会，注册班级，购物准备宿舍所需或其他需要的东西

我该如何应对拒绝？

任何拒绝都很难对付。如果是被第一志愿的大学或其他学校拒绝了，让自己有点时间伤心失望吧，但是不要一直这样。从挫折中恢复的最好方式是集中注意力看自己能做什么——继续前进。这里有几种方式：

- 回到当初你排除的大学参观一下。
- 集中注意力到你还在继续等消息的其他大学。

- 多申请几所大学。就像我们在第九章讨论的那样,有很多大学的申请截止日期较迟。
- 考虑一下推迟一年上大学,间隔年后再尝试申请更多大学。我认识一个学生,他没有被招生要求严格的重点大学录取,就在间隔年参加了他所热爱的音乐课程,之后再申请大学的时候得到了好几所大学的录取通知。

知道自己想要什么,追求自己的理想并坚持不懈地努力,最终必有回报。保持乐观心态,做自己喜欢做的事情,并知道如何向大学阐明你的热情,有时候这样会让大学对你重新考虑。同时,你也可以上一所自己喜欢的保底学校,如果最后实在不满意,可以转学。很多学生在大学期间转学。人们看重的是你从哪所学校毕业,而不是在学校哪所学校开始。只要你认识到机会总是有的,就会很容易从最初被拒录的阴影中走出来。

我被录取了!后面怎么办?

被录取后,你交纳了保证金,避免了高四倦怠症,你就可以在第二年体验间隔年或上大学了。大学是用来的探索和发现的。

在开始大学生活之前,很多大学在暑期会为学生提供参观活动,让学生熟悉校园、认识同学。有些参观活动在上课前几周或几个月进行,有些则在开学之前进行。为了更好地适应大学生活,昆尼皮亚克大学副校长兼招生办公室主任琼·莫尔建议:"把你的朋友、家人、宠物和美好记忆的照片带到学校,然后跟你的室友分享,他们会围在你身边倾听你的过去。通常会有共同阅读活动,在阅读过程中做笔记可以加深印象。如果你还没有学会怎么洗衣服或办理银行卡,赶快学习,以后这些问题都要你自己解决——如果到大学不会这些的话,你可能需要给父母打电话让他们帮你解决。大学就是锻炼独立生活的能力并学着自己做出决定的阶段。当然,你会碰壁,也会犯错误,都不要紧。需要的时候可以寻求帮助。不懂的地方就要问——其他新生跟你一样紧张。之前你的重心是上大学,进入大学后的目标就是顺利毕业。"

很多大学担心大一新生不能适应大学生活，因为之前学生一直都是习惯了做家长和老师要求做的事。有些大学要求大一新生参加专题讲座，学习如何使用图书馆和其他大学提供的资源，如咨询服务。纽约理工学院招生服务处副处长杰奎琳·尼伦就大一新生在时间管理方面的困惑做出如下回答："大一新生遇到的最大改变之一就是时间支配的自由度增大。想想你准备如何管理你的时间，如何安排你的学习时间。制订一个能够执行的学习计划。一定要提高写作和沟通能力。"

申请过程总结

大学申请过程既令人激动又任务繁重。如果你积极行动并做广泛研究，就能被适合你的大学录取。如果你在申请过程中犯了些错误或到最后关头才申请，你仍然有机会进入适合你的学校。好消息是你总是有选择的。

在你与家长讨论大学申请时，注意一下整个过程在过去几十年已经发生了变化。这些变化在开篇我们就探讨了一部分，这些变化将影响未来十年的大学申请过程。大学申请状况在不断地变化着，大学人口结构在变，少数民族人口比例在增加，性别差距依然存在。现在的大学录取太看重考试，对标准化考试成绩过度依赖。不满现状的一些大学开始放弃标准化考试成绩，弱化其在招生过程中的评价作用。学生和大学还需面对现实的经济问题。一些学生为了降低学费开销会改变计划，转而去上能够负担得起学费的学校；大学可能需要少开些课程来维持运转。应对大学申请过程中出现不确定情况的最好方法就是在收到大学录取结果时，根据你手上能够支配的所有资源做出一个明智的决定。

让我们最后来回顾一下整个申请过程，希望你能够顺利完成每一步申请步骤。第一步是在申请前认清自己。这一步可以通过进行自我评价来完成（第一章）。收集一切能够获得的资源信息，决定你可以考虑申请什么样的大学（第三章）。通过参观校园（第四章）确定适合你的学校范围，并列出准备申请的大学名单。申请时需提交申请表（第六章）和补充材料，包括成绩单、标准测试成绩、短文写作、课外活动表和经济资助申请表（第二、五、六、七章）。在收到大学录取结果后，你就可以斟酌一番做出最后的选择了。最后一步就是完成高四学年的任务，准备进入大学了（本章内容）。

最后的建议

在大学申请过程接近尾声的时候，你应该会发现有多所大学在学术、社交和费用方面适合你。上大学是你实现目标的一个途径。正如纽约理工学院招生服务处副处长杰奎琳·尼伦所说："大学是一场马拉松，不是冲刺跑。大学本科学位只是长跑中的第一站，它不是终点站。所以不要过于在意是否做出了'正确'的选择。说到底，大学得到的教育才是终生成功的关键所在。"

很多大学招生顾问建议早点开始申请过程，不要等到高四才开始计划申请大学。宾汉姆顿大学本科招生办公室主任谢里尔·布朗建议不要"过早缩小大学选择范围。不管是大是小，是近是远，公立的还是私立的，各种学校都要看。在高三就要参观大学校园。在高四秋天申请大学过程中再次参观一下最有意向的几所学校"。

申请大学不可能真正量化，很多时候不可预测。它既不是艺术，也不是科学。伦斯勒理工学院外联处主任雷蒙德·卢茨奇这样总结整个大学申请过程："有些学生被大学录取的原因十分奇葩，还有些学生被录取的原因不明。尽管如此，学生应该记住，在申请重点大学时，他们会参观一些自己喜欢的学校，得到其中几所学校的录取通知，然后做出决定该去哪一所。每个人都会有其去处，但学生通常会有像小时候玩'抢凳子'游戏时那样的恐惧。学生收到的录取结果不会都是拒绝信。换句话说，大学申请不会在'音乐'停止时出现没有'凳子'的情况。"

附录 A

网　站

在大学招生录取的过程中，下面的网址很有用。你可以用这些网址搜索匹配的大学、潜在的职业、经济资助、工作和奖学金。你还可以找些关于集中申请和标准测试的信息。

大学申请

www.commonapp.org

www.universalcollegeapp.com

www.questbridg.org

大学搜索网站

www.college.gov

www.nces.ed.gov/ipeds/cool

www.cappex.com

www.admissions.com

www.nacanet.org

www.collegeclicktv.com

www.collegeconfidential.com

www.mycollegeoptions.org

www.campustours.com

www.ecampustours.com

www.unigo.com

www.gocollege.com

www.campusexplorer.com

www.collegebound.net

www.findtherightschool.com

www.collegenet.com

www.anycollege.com

职业

www.online.onetcenter.org

- 联邦政府网站
- 职业信息
- 链接和网上资源

www.careervoyage.gov

- 联邦政府网站
- 每个州的事业/大学资源链接

www.nycareerzone.org
- 纽约州高中生网站
- "兴趣分析器"链接
- 职业搜索/大学链接
- 简历开发

www.iseek.org
- 明尼苏达州学生网站
- 职业信息
- 教育信息，工作信息

www.ioscar.org/tx
- 得克萨斯州学生网站
- 职业和能力中心

www.humanmetrics.com
- 迈尔斯·布里格斯个性类型测量表
- 性格测试

www.careeronestop.org

www.healthmanagementcareer.org

www.bls.gov/oco

经济资助

www.fafsa.edu.gov

www.collegesavings.org

www.students.gov

www.fedaralstudentaid.ed.gov

http://wdcrobcolp01.ed.gov/programs/erod/org_list.cfm?category_ID=SHE

www.nasfaa.org

www.studentaid.edu.gov

http://fafsademo.test.ed.gov

www.upromise.com

www.nasfaa.org/Redesign/TaxBenefitsguide.html

工作

http://gottajob.com

www.groovejob.com

www.teens4hire.org

奖学金

www.fastweb.com

www.meritaid.com

www.wiredscholar.com

www.finaid.org

www.csocollegecenter.org

www.thesalliemaefund.org/smfnew/scholarship/first_family.html

www.collegeanswer.com

www.americorps.org

www.hhs.gov/grants/index.shtml#education

www.goarmy.com/benefits/education.jsp

www.navy.com/benefits/education

www.airforce.com/opportunities/enlisted/education

www.marines.com/main/index/quality_citizens/benefit_of_service/education

www.bbb.com

www.studentscholarshipsearch.com

ww5.komen.org/content.aspx?id=6504

www.ncte.org/awards/student/aa

www.spj.org/a_hs.asp

www.hsf.net

www.teachforamerica.org

www.peacecorps.gov

测试

www.act.org

www.collegeboard.com

www.ibo.org

附录 B

国家奖学金

下面的表格是你可以申请的国家奖学金样本，只是一部分，不是完整的清单。你也可以依据附录 A 来查找奖学金以及经济资助网站。

奖学金	申请资格	奖金（美元）	网址
职业相关			
美国化学学会奖学金	对化学感兴趣的少数民族学生	最高 5000	www.chemistry.org/scholars
DECA（商务）	DECA 成员	不定	www.deca.org/schol.html
全国西班牙记者协会	对新闻感兴趣	不定	www.ahj.org/educationalprograms/currentscholarships.Shtml
美国国立卫生研究院的本科奖学金项目	平均绩点达到 3.5 或者在班级排名前 5%，背景不利，对生物医学、科学职业有兴趣	最高 20,000	http://ugsp.nih.gov/home.asp?m=oo
女性工程师学会奖学金	女性，对工程感兴趣	1000—10,000	www.swe.org/stellent/idcplg?idcService=SS_GET_PAGE&nodeId=9
施乐技术少数民族奖学金	平均绩点达到 3，少数民族，对化学、物理、材料科学以及工程感兴趣	1000—10,000	www.xerox.com/go/xrx/template/009.jsp?ed_name=Careers_technical_scholarship&view=feature

续表

奖学金	申请资格	奖金（美元）	网址
公司			
百思买奖学金	成绩好，社区服务经历	1000个名额，1500美元	www.bestbuyinc.com/community_relations/scholarship.htm
可口可乐奖学金	平均绩点达到3，有领导才能，参加过课外活动	20,000美元，50个名额；10,000美元，200个名额	www.coca-colascholar.org
戴尔学者奖学金	根据需求，平均绩点达到2.4，参加过大学准备就绪项目	20,000	www.dellscholars.org/public
探索奖学金	平均绩点达到2.75，社区服务、领导才能	30,000美元，10个名额	www.discoverfinancial.com/community/scholarship.shtml
达克牌强力胶带礼服设计竞赛奖学金	独创的舞会服装	1000—3000	www.ducktapeclub.com
美国金融服务中心	学术性的，领导才能，克服困难	2000以上	www.fisca.org/content/navigatiomenu/communityoutreach/fiscanationalscholarshipprogram/default.htm
科尔的孩子谁关心	社区服务	地区性1000美元，全国性5000美元	www.kohlscorporation.com/communityrelations/scholarship/index.asp
社区精神奖	社区服务	州奖学金获得1000美元；全国奖学金获得5000美元	spirit.prudential.com/view/page
学生贷款营销协会基金奖学金项目	各种项目	不定	www.thesalliemaefund.org/

续表

奖学金	申请资格	奖金（美元）	网址
公司			
年度学者运动员"牛奶胡子"奖学金	体育运动，学术性，领导才能，社区服务	7500	www.bodybymilk.com/sammy
Signet Classics 丛书短文比赛奖学金	论文比赛	1000	us.penguingroup.com/static/pages/services-academic/essayhome.html
UPromise 奖学金	平均绩点达到3，经济需求	2500	www.scholarshipamerica.org/upromise
基金会/工会			
戴维森研究员奖学金	文学、音乐、数学、科技、哲学方面的完整作品，有创意性思维	最高 50,000	www.davidsongifted.org/fellows
最有价值学生国家基金会	奖学金，经济需求，领导才能	1000—15,000	www.elds.org/enf/scholars/ourscholarships.cfm
盖茨千禧年学者奖	平均绩点3.3，低收入；美国印第安人，阿拉斯加人，亚太裔、非裔、西班牙裔美国人，符合佩尔助学金资格标准	不定	www.gmsp.org/publicweb/scholarships.aspx
格洛丽亚·巴伦领导才能和服务奖	论文比赛	2000	www.barronprize.org
大屠杀纪念项目	论文比赛	最高 10,000	holocaust.hklaw.com
霍雷肖·阿尔杰	平均绩点2.0，经济需求，课外活动，社区服务	最高 20,000	www.horatioalger.com/scholarships/apply.cfm
钥匙俱乐部国际奖学金项目	平均绩点达到3.0，钥匙俱乐部的会员	不定	www.keyclub.org

续表

奖学金	申请资格	奖金（美元）	网址
基金会/工会			
工会/美国劳工联合会/美国产业工会联合会	工会会员	500—4000	www.unionplus.org/college-education-financing/union-plusscholarship
民主的声音，外战的老兵	音频论文	1000—30,000	www.vfw.org
少数民族学生			
西班牙奖学金基金	各种项目	不定	www.hsf.net
罗恩·布朗奖学金	学术性的，领导才能，经济需求	10,000	www.ronbrown.org/home.aspx
杰基·罗宾森基金会奖学金项目	少数民族学生，经济需求，领导才能潜力	最高1500	www.jackierobinson.org/apply
黑人联合学院基金	各种项目	不定	www.uncf.org/forstudents/scholarship.asp
科学/人才竞争			
英特尔科技人才奖学金	原创性研究	最高100,000	www.societyforscience.org/sts
国家优秀奖学金项目	以PSAT分数为依据，高中通知	不定	www.nationalmerit.org
西门子竞争奖	数学、科学及科技研究	最高100,000	www.siemens-foundation.org/en/competition.htm
特别奖学金			
美国癌症协会	得过癌症或正在患癌症的学生	不定	www.cancer.org/cocroot/spc/content/spc_1_college_scholarships_list.asp
安妮·福特奖学金	平均绩点达到3.0，有学习障碍	10,000	www.ncid.org/content/view/725/508
癌症幸存者基金	得过癌症或者正在患癌	不定	www.cancersurvivorsfund.org
可口可乐第一代奖学金	平均绩点达到3.0，家族第一个上大学的人	最高5000	www.thecoca-colacompany.com/citizenship/education.html

续表

奖学金	申请资格	奖金（美元）	网址
特别奖学金			
科曼 5 奖学金	失去患乳腺癌的家长，学术成就，经济需求，领导才能	最高 10,000	ww5.komen.org/Content.aspx?id-6504
9·11 家庭成员	9·11 家庭成员	不定	www.scholarships.com/september-11-scholarships.aspx#Aon

词汇表

504 Plan（504方案）：由学校的专业人士根据《美国残疾人法案康复法案》第504节制订的方案，目的是为使残疾学生获得平等的教育权利提供必要的调整和便利条件。

Achievement Test（成绩测试）：考查特定课程大纲要求的所学知识掌握程度的考试。考试内容通常为特定的事实性知识。

ACT（美国大学入学考试）：一种评估学术水平的大学入学考试。内容包括英语、阅读、数学、科学以及可选的写作部分。每部分满分都是36分，各部分的平均分就是总的得分。

Advanced Placement（AP，大学预修课程）：由美国大学理事会在高中主持开设的课程和考试。很多高中提供预修课程，学生学完课程后参加5月份的考试（评分为1至5分），预修课程可以折抵大学学分。预修课程难度较大，大学招生时优先考虑参加过预修课程的学生。

Aptitude Test（能力倾向测试）：测试学生未来学习潜力的素质考试；考试内容通常更为抽象。

Block Schedule（板块式课程表）：高中的一种课程安排方法，延长每节课的上课时间，这样可以减少每周的上课次数，不必每天都上。模块式课程表使得一节课内可以集中学习某一小节内容。

Brag Sheet（自评表）：也称"课外活动表"或"简历"，自评表显示学生在校内外的优异表现。

Campus Visit（校园参观）：很多学生在申请大学前会去参观大学校园，决定该大学是否可与自己产生"共鸣感应"且是否适合自己。

Career Assessment（职业测评）：通过在线或纸质问卷让学生对其个性进行自我测评，据此判断学生可能擅长的职业或工作。

Class Rank（年级排名）：通过计算加权平均绩点或未加权平均绩点，得到高中四年级学生的百分比排名。

College Admissions Counselor/Officer（大学招生顾问）：大学里负责招生工作的专业人员。他们负责读学生的申请材料、参观高中、参加全国各地的大学博览会进行招生宣传。

College Level Course（大学水平课程）：高中附近的大学或学院开放给高中生的大学课程。高中生学习这些课程的费用较低，进入大学后获得相应课程的学分。

College Level Examination Program（CLEP，大学水平考试项目）：大学理事会主办的考试项目，通过考试可以获得相应的大学课程学分。

College Preparatory Classes（大学预科班）：高中为准备上大学的学生开设的班级。课程通常为英语、科学、社会学、外语和数学。

College Rankings（大学排名）：各家媒体根据多项指标得到的大学综合排名，发布排名的媒体包括《美国新闻与世界报道》、《商业周刊》和《福布斯》。

College Savings Program（大学储蓄计划）：为支付大学学费而进行的家庭储蓄计划，包括529计划和预付学费计划。

Common Application（通用申请）：学生使用通用申请表集中申请成员大学，方便大学全盘评估申请。学生可以在线申请或寄信申请。

Common Data Set（通用数据表）：大学网站提供的有关招生情况的统计数据。

Community College（社区大学）：两年制学院，学费低，学生可获得副学士学位，学分可转入四年制大学。

Commuter College（走读大学）：大部分学生不住校的大学。该类大学学生往返于家里和学校之间，少数学生住在学校宿舍。

Conditional Acceptance（有条件录取）：对于不符合全部入学要求而有条件暂准入学的学生，他们需要上减量的课程、进行试读或与学业指导定期约谈。

Content-Based Test（内容型考试）：基于课堂大纲学习内容的考试。该考试属客观型评分，学生通过复习大纲内容准备考试。

Co-operative（co-op）Program（合作项目）：大学提供的实习项目，学生可以获得实际工作经验。

Core Curriculum（核心课程）：关于某具体领域的必修课或学生为满足毕业的要求而必修的课程。必修课数目多少因校而异。

Cost of Attendance（COA，总费用）：上大学的总花费，包括学费、食宿费、交通费、日常开支和书杂费。私立大学的费用通常比公立大学的费用高。

CSS（College Scholarship Service）/Profile（大学奖学金申请表）：某些大学需要学生提供的详细资助申请文件。

Deferred Admission（延迟录取）：未通过提前录取的申请自动进入常规录取阶段，延迟审核。

Demonstrated Interest（显出兴趣）：确定申请人对大学感兴趣程度的指标。通过申请人同招生专员的接触、信息询问和校园参观等评判。

Double/Multiple Depositing（双重/多重保证金）：学生向多所大学交纳保证金。根据美国大学招生委员会的道德规范，学生在5月1日前只应向一所大学交纳保证金。

Early Action（提前行动）：一种申请大学的方式，秋季截止申请。学校于1月或2月通知学生录取结果，学生于5月1日前决定是否入学。提前行动不具有约束力，也就是说被录取的学生不一定非要入学。

Early Decision（提前录取）：一种申请大学的方式，通常在11月或12月截止申请。学生于12月中旬收到录取结果，且学生签订合同，声明其一旦被录取就会入学。提前录取具有约束力。

Electronic Portfolio（电子版作品集）：学生申请大学时在线提交的附加申请文件，包括艺术作品、创意写作和照片等。

Expected Family Contribution（EFC，家庭自付额）：填写联邦经济资助申请表（FAFSA）后确定的家庭所能承担的学生费用。家庭自付额的多少决定学生可以获得何种经济资助。

Extracurricular Activities List（课外活动清单）：也称"自评表"，记录学生参与的课外活动及担任的领导职位。

Facebook（脸书网）：社交网站，可与别人交流并发布照片和个人信息。学生在该网站上需谨慎发布信息，因为未来的大学和雇主偶尔会查看你的脸书主页。

FAFSA（Free Application for Federal Student Aid，联邦经济资助申请表）：学生申请经济资助所需填写的在线或纸质申请表，不收费。网站为www.fafsa.ed.gov。

Federal Pell Grant（联邦佩尔助学金）：联邦政府对符合要求的学生给予的资助。佩尔助学金无须偿还。

Federal Perkins Loans（联邦珀金斯贷款）：联邦政府对于符合要求的学生给予的贷款。珀金斯贷款需要偿还。

Federal PLUS Loans（联邦学生家长贷款）：学生家长获得的贷款，用于支付大学学费和其他开支，需要偿还。

Federal Stafford Loans（联邦斯塔福德贷款）：用于支付学费及其他开支的学生贷款。分为贴息贷款和不贴息贷款，均为浮动利率贷款，需要偿还。

Financial Aid（经济资助）：符合条件的学生可获得补助、贷款及勤工俭学机会，用以支付大学费用。学生需填写联邦经济资助申请表（FAFSA），以确定符合何种联邦、州或大学经济资助计划。

Financial Aid Package（经济资助包）：在提交联邦经济资助申请表（FAFSA）、大学奖学金申请表（CSS/Profile）或大学自己的经济资助申请表后，学生可以获得一揽子经济资助包，用以支付大学费用。资助项目因校而异，包括贷款、补助、奖学金和勤工俭学。

Gap Year（间隔年）：一些学生高中毕业后选择推迟一年上大学，这一年去旅游、工作、做志愿者、国外学习或做调查研究。多数大学允许学生延迟一年入学以参加有意义的间隔年计划。

Gender Gap（性别差距）：大学男女生人数差距或失衡。许多大学女生与男生比例为6比4。

General Education Requirements（一般教育要求）：大学毕业最低要求。有些大学的必修课多，有些大学的必修课少。这些要求在申请大学时可以查到，这样学生就可以知道上大学后需要学哪些课程。

Grade Point Average（GPA，平均绩点）：高中学生学术平均成绩。有些学校采用加权GPA，即给予荣誉课程、大学水平课程、国际预科课程（IB）或大学预修课程额外的GPA，有些大学给予所有课程同等的GPA。

Grants（助学金）：助学金是一种经济资助形式，无须偿还。助学金可由联邦政府或州政府发放，也可由大学发放。

Greek Life（同性联谊会）：同性联谊会其实就是加入学校的兄弟会或姐妹会。有些大学有很多学生加入同性联谊会，有些学校参加同性联谊会的学生很少。

Guidance Counselor（指导顾问）：为学生提供咨询的学校专业顾问，咨询范围包括人际交往、个人问题以及大学申请等有关学业问题。

Highly Likely School（高把握学校）：也叫"保底学校"，指学生实力远超最低入学标准的大学。

Holistic Approach（全观法）：大学全面评估学生申请的方法，评价内容分客观因素（平均绩点、标准化测试成绩、课程难度）和主观因素（短文写作、推荐信、简历、面试、兴趣意愿）。

Honors Program（荣誉项目）：大学为超过最低入学要求的学生提供荣誉课程。一些荣誉项目提供的福利有奖学金、特别研讨会、手提电脑和优先注册报到。

International Baccalaureate（IB，国际预科课程）：高中两年要求严格的、负有声望的预科课程项目，成绩优异者可获大学学分。

Individual Education Plan（IEP，个人教育计划）：帮助身体残疾或学习有障碍的学生的一项计划，内容包括教育目标、合适的课程和人性化便利措施，如延长课时、考试地点安排和使用计算机。

Individuals with Disabilities Education Act（IDEA，残疾人教育法案）：确保残疾学生获得教育和支持服务的法律。

Internship（实习）：跟某一领域的专业人员在一起工作，有的有工资，有的没有，让学生获得有价值的工作经验。

Ivy League（常春藤盟校）：东北地区八所享誉全球的名校：哈佛、普林斯顿、耶鲁、宾夕法尼亚大学、哥伦比亚、布朗、达特茅斯和康奈尔。很多家庭非常看重这些名牌大学。

Learning Disability（学习障碍）：最常见的学习障碍有阅读障碍、计算障碍、书写障碍、视听处理功能紊乱和非语言学习障碍。有学习障碍的学生可以申请大学的支持服务。

Legacy Admissions（传承录取）：校友子女在大学录取时占有优势。

Loans（贷款）：一种提供给学生或家长的经济资助形式。借款人需要偿还贷款，贷方可以是联邦政府或私营机构。

Major（专业）：大二学年末学生选择学习的专门领域。很多学生进入大学时并没有决定要学的专业，另外有些人上大学之前就清楚自己想要学什么。

Midyear Report（期中报告）：很多大学要求高四学生提供高四上学期成绩单，确保学生的学术表现稳定。

Myers Briggs Type Indicator（MBTI 性格类型指标）：伊莎贝尔·布里格斯·迈尔斯（Isabel Briggs Myers）和凯瑟琳·布里格斯（Katharine Briggs）在卡尔·荣格（Carl Jung）的心理学类型理论的基础上提出的一套个性测验模型。

National Association of College Admissions Counselors（NACAC，全国大学招生咨询协会）：由管理大学招生顾问、大学申请指导顾问和私人顾问组成的全国性组织，为申请大学的学生、家长和顾问提供信息和资源。

National Collegiate Athletic Association（NCAA，全国大学体育协会）：管理学生运动员的组织，为学生运动员申请进入大学从事竞技运动提供信息、指导和资格认定。

Need（需求）：大学总费用减去家庭自付额就是经济资助需求额，由学生填写的联邦经济资助申请表（FAFSA）决定。

Need Blind（无关需求）：一些大学录取学生时不考虑学生的经济资助需求情况。

Need Sensitive/Aware（需求敏感）：一些大学录取学生时会考虑学生的经济资助需求。有些大学可以百分百满足学生需求，有些大学不能满足学生的全部需求。

Objective Factors（客观因素）：大学申请过程中的客观因素包括平均绩点、课程难度和标准测试成绩。

Personal Identification Number（PIN，个人身份识别号）：学生在填写联邦经济资助申请表（FAFSA）时指定或选定的一个号码，作为 FAFSA 和其他文件的电子签名。

Personal Interview（私人面试）：一些大学将面试作为主观因素之一对申请者进行考察。私人面试可以由大学招生顾问、校友或在校生主持。

Personal Statement（个人陈述）：学生申请大学时谈论自己的一篇文章。个人陈述让学生得以表明其意愿、个性以及阐述适合某大学的理由。

Priority Application（优先申请）：大学优先录取具有资格优势或入学意愿的学生，这是大学吸引申请者的一种方式。

Private University（私立大学）：由校友和组织机构捐款设立的大学。私立大学学费通常比公立大学要高。

Public Ivy（公立常春藤）：一些排名仅次于常春藤盟校、教育质量一流的公立大学，如密歇根大学、加利福尼亚大学洛杉矶分校、北卡罗来纳大学教堂山分校、宾汉姆顿大学和纽约州立大学。

QuestBridge Application（桥梁申请）：帮助来自低收入家庭的学生申请一流大学及高额奖学金。选拔条件非常严格，申请过程独立。

Reach School（梦想学校）：很多人都想申请的大学，有很多具有相似资格的申请者，不是所有学生都能被录取。由于竞争非常激烈，不被录取的概率很大。

Regular Decision（常规录取）：学生在公开截止日期前提交大学申请。学生通常在 4 月前接到录取结果，需在 5 月 1 日前做出是否入学的决定。

Rejection（拒录）：申请大学可能出现被拒的结果，尤其是学生申请的学校竞争非常激烈或学生达不到学校入学要求的时候。

Rescind（撤销录取）：大学可能会撤销已经给学生的录取资格，理由包括学生高四成绩下降或是学生有违规行为，如申请时撒谎、考试作弊、饮酒、吸毒和交纳双重保证金。圆满完成高四学年永远是获得录取的前提。

Restrictive Early Action（限制性提前行动）：一种没有约束力的提前行动，但是限制申请者申请其他一些大学。对提前行动进行限制的大学有斯坦福、耶鲁和波士顿大学等。

Resume（简历）：展示高中参加课外活动的表格，内容包括参加的活动、日期、担任职位以及获得的荣誉。

Rolling Admission（滚动录取）：大学收到申请即进行审核回复的一种录取方式。建议学生尽早申请这些大学，越往后录取标准越高。

Room and Board（食宿费）：住校食宿费包括住宿费和伙食费。食宿费包含在大学总费用里。

SAT Reasoning Test（学术能力评估推理测试）：多数大学在招生过程中评价申请者的一项重要的标准化考试，考试内容包括批判性阅读、数学和写作三个部分。考试由大学理事会组织管理，每部分评分范围为 200—800 分。

Scholarships（奖学金）：公司、大学和本地组织颁发给学生的奖学金，无须偿还。奖学金的颁发标准有学术成就、体育能力、家庭背景、工会成员和其他因素。

School Profile（学校简介）：多数高中提交给大学的学校简介，包含学校评分政策、测试结果、课程、俱乐部组织和其他相关统计数据等重要信息。

Section 504 Plan（504 方案）：教育专业人士设计的一项方案，旨在为残疾学生提供便利条件。

Semester（两学期制）：很多高中使用的一种学期制度形式，一年有两学期。

Senioritis（高四倦怠症）：高中三年后普遍存在的一种倦怠感，高四学生有时不上课或上课不认真。学生没有认识到这些行为的严重后果，包括录取被撤销、留校察看和做检讨。

Standardized Test Scores（标准化考试成绩）：很多大学要求申请者提供学术能力评估测试（SAT）和美国大学入学考试（ACT）成绩，用以比较学生在阅读、数学、写作和其他领域的表现。

Student Aid Report（SAR，学生资助报告）：学生在提交联邦经济资助申请表（FAFSA）后 4—6 周左右收到的一份报告，内容包括家庭自付额，这样学生及其家长便可预估能获得多少经济资助。

Study Abroad Program（国外学习项目）：很多大学提供学生出国学习获得学分的正式学习项目。这些项目可能需要额外付费，学生在决定参加之前需全面了解。

Subject Test（学科考试）：大学理事会主办的多种学科考试，每门考试一小时，学科包括历史、外语、数学、科学和文学。一些重点大学需要学生提供两门学科的考试成绩。每门考试评分范围为 200—800 分。有些大学用美国大学入学考试（ACT）替代学科考试。

Subjective Factors（主观因素）：大学使用全观法招生时的主观评价要素包括短文、面试、老师和咨询顾问的推荐信以及课外活动。

Supplement（补充申请）：一些大学要求使用通用申请表的学生提交补充申请材料，补充内容包括回答特定问题或短文写作。

Target School（目标学校）：根据平均绩点、标准测试成绩和其他因素，申请者很可能被录取的大学。

Test-Optional School（可选考试学校）：超过800所大学招生时不需要SAT或ACT成绩。你可以在www.fairtest.org上找到这些大学的名单及其具体的入学要求。

Transcript（成绩单）：大学招生最重要的评价因素之一就是高中成绩单。它记录了学生高一至高三的各门课程和考试成绩。

Trimester（三学期制）：一些高中和大学采用的一种学期制度，一年有三个学期。

Tuition（学费）：上大学的主要费用是学费。大学可以按所修课程的学分收费，或按学期收费，或按学年收费。私立大学的学费通常比公立大学的高。

Universal College Application（UCA，通用大学申请）：在全国大学招生咨询协会（NACAC）的指导管理下，大学联合使用的入学申请系统，以方便更多学生在线申请大学。

Universal Reply Date（统一答复日）：5月1日是学生回复大学是否接受录取的最后期限。通常录取通知书内附有回复表格，学生也可以通过回信的方式做出答复。

Unweighted Average（未加权平均绩点）：有些高中没有给难度较高课程的考试成绩更高权重，这些课程有荣誉课程、大学预修课程、大学水平课程和国际预科课程。

Waitlist（候补名单）：当申请人符合入学要求而学校名额有限时，会进入候补名单。在5月1日录取答复截止后，可能有空出来的名额，这样在5月1日之后，候补名单上的申请者便有可能被录取。

Weighted Average（加权平均绩点）：有些高中给难度较高课程的考试成绩更高权重，这些课程有荣誉课程、大学预修课程、大学水平课程和国际预科课程。有些大学在比较申请者高中成绩时，会去掉加权平均绩点的权重。

Work Study（勤工俭学）：学生在大学期间获得兼职工作的一种经济资助形式。对勤工俭学感兴趣的学生可以在联邦经济资助申请表上表明意愿。

减少大学开支的 34 种方法

该列表来自 http://studentaidz.ed.gov/getmoney/pay_for_college/cost_35.html#top:

1. 大部分大学都会为学术成绩优异的学生提供奖学金。学生应该跟其感兴趣的大学确认获得成就奖学金的标准。

2. 全国成就奖学金项目根据学生的学术成绩颁发奖学金，适用于所有大学，用于支付学生的上学费用。

3. 许多州为学术成绩优异的学生提供奖学金。学生应该从州教育办公室处获得奖学金颁发标准。

4. 很多学校为体育特长生颁发奖学金。不过，学生和家长应该仔细权衡体育奖学金的好处与所需要求。

5. 一些大学为具有特殊才能的学生提供特别补助和奖学金，包括音乐、新闻、戏剧等领域。

6. 州立学院或大学对本州学生的收费较低。公立大学由州政府提供资金，学费比私立大学要低。选择大学的时候应该考虑州立大学。尽管要考虑到费用问题，但选择学校时不能仅仅看费用。

7. 一些学生选择在社区大学学习一两年，然后再转到四年制大学。社区大学学费比四年制大学学费低很多。

8. 一些家长在子女上大学时有经济实力新买一套房。如果将空房间租给其他同学，可用租金来偿还月供。不过，家长在出租时要确保购买的房产符合租房要求。如果有疑问，可以咨询税务专家。

9. 通勤上学也是省学费的一种方法。住家学生每年可节省 6000 美元。

10. 很多学校提供免费食宿机会，学生可以通过勤工俭学获得。

11 合作教育项目让学生在全职工作和全日制学习之间轮流转换。该种雇用项目不考虑经济需要，学生每年可挣 7000 美元。

12 还有一种省学费的方法是参加可转学分考试，如大学预修课程项目（APP）和大学水平考试项目（CLEP）。学生可以参加这些项目的学科考试，考试成绩达到要求便可获得大学学分。

13 一些大学会给具有实际工作经验的学生相应的学分，这样学生可以少修一些学分。学生应当与大学联系获得更多信息，也可以写信给远程教育与培训委员会询问，地址位于华盛顿特区西北部第 18 大街 1601 号，邮编 20009，电话（202）234-5100。

14 大部分学校一个学期的学费是固定的，学生应该尽最大可能多拿学分，这样就可以缩短毕业所需时间。

15 多数情况下，学生可以在便宜的学校学习暑期课程，然后将学分转到所在的全日制学校。学生应当与辅导员确认其他学校的课程学分是否可转。

16 大部分学校有就业办公室帮助学生找工作，所有学校的人力资源办公室都会雇用学生在校兼职。这些就业项目不考虑申请者的经济需求。工作是负担大学费用的一个很好的方式。

17 大部分大学给予本校职工学费减免待遇，受益人包括学校职工本人及其家庭成员。这种待遇不以经济需求为评判标准，而是给予学校雇员的一种福利。

18 大部分大学都有学生宿管项目，学生申请担任宿管，可以减学费或食宿费。

19 后备军官训练队（ROTC）奖学金项目为学生全额支付学费和书本费，并且每月提供生活费。学生在参加该项目之前应清楚毕业后需要服役。

20 美国军事学院、美国空军学院、美国海军学院、美国商船学院和美国海岸警卫队学院为学生提供全额奖学金。奖学金竞争激烈，评价因素包括高中成绩、SAT 或 ACT 分数、领导品质和体育素质。学生在以上学院上学不需交学费和杂费，但毕业后需要服役。

21 省学费的方法之一是在低收费学校上学，公立私立皆可。很多大学学费合理且有很多经济资助。学生应当考虑所有学术和经济要求能够达到的学校。

22 一些学校提供本硕连读学位项目或三年本科项目，学生可以在三年修完所需学分，提前一年毕业，可以减少一年的开支。

23 校友子女减学费十分普遍。学生及家长应了解母校给校友的减免学费政策。

24 如果一家有多名子女被同一所大学录取，有些大学会提供特殊折扣。

25 如果被录取的学生可以推荐别的学生入学，有些大学会提供折扣。

26　有些学校会给学生会领袖、大学报刊或年鉴编辑减少学费。
27　有些大学给大龄学生减少学费。
28　如果学生能够顺利毕业，有些学校会将学生的非联邦贷款转为非联邦补助。
29　有些学校帮学生支付贷款手续费。
30　如果家庭主劳动力失业，有些学校会减少学费。
31　有些大学会特别准备基金提供给不符合联邦或州资助条件的家庭。
32　有些私立大学对某些学生的收费与州立大学的州外学生学费持平。学生需要跟申请的大学确认一下是否符合条件。
33　一些公司给雇员子女提供学费支持。学生家长应该跟人事部门核实相关信息。
34　学生应该尽量购买二手教材。

大学招生过程中学生的权利和责任

本文经许可转载。版权（2009）归全国大学招生咨询协会（NACAC）所有。

大学必须提供

一般信息

- 大学费用，包括学费、书本费、食宿费和其他费用
- 退学条件和程序，包括退款政策
- 开办大学获得哪些协会的认证许可
- 为残疾学生提供的特殊设施和服务

学术信息

- 机构的学术项目，包括学位、学习项目和设施
- 教学人员名单
- 学生毕业率
- 培养学生转入四年制大学的社区大学需提供转学率

经济资助

- 经济资助的类型，包括联邦政府、州政府和本地政府的资助，需求型和非需求型资助以及奖学金
- 学校给予经济资助的标准；资助发放形式及时间
- 勤工俭学项目条件和规定

访问 www.studentaid.gov 以获取更多信息。

校园安全

- 校园犯罪和紧急事件报告程序和政策以及审判系统
- 校园及附近犯罪数量及类型
- 学校毒品管理措施及预防项目

访问 http://ope.ed.gov/security 以比较各所大学的校园犯罪统计数据。

学生在大学招生过程中的权利

申请前

- 你有权获得大学招生、费用、资助机会和住宿等方面的详细信息。如果你希望通过提前录取方式申请,你有权获得大学有关提前录取的过程和政策方面的完整信息。
- 你有权不受高压销售策略干扰。

当你被录取后

- 你有权等到 5 月 1 日对录取和资助通知进行答复。
- 如果大学要求你在 5 月 1 日前对录取和资助通知进行答复,你有权写信要求延期至 5 月 1 日。大学必须给你延期,且延期要求不得影响你获得录取和资助的资格。
- 一些学生选择在社区大学上一两年,然后转入四年制大学。社区大学学费比四年制大学学费低很多。
- 提前录取的学生不以 5 月 1 日截止日期为准。

如果你被列入候补名单

- 通知你被列入候补名单的信件上应当提供的信息包括候补学生数、录取学生数和经济资助及住宿情况。
- 大学最迟至 8 月 1 日通知你是否被最终录取。

学生在大学招生过程中的责任

申请前

- 你有责任调查了解你申请的每所大学的费用、资助、奖学金和住宿情况,并遵守相关规章程序。你应当清楚大学注册报到前交纳保证金的政策。

在你申请的时候

- 你必须完成申请所需的全部材料并在公开截止日期前提交申请，申请材料应全部由自己完成。
- 你应当在申请开始至结束的整个过程中寻求高中辅导员的协助，按照高中辅导员建议的程序进行大学申请。
- 如果合理，你有责任去你申请的大学参观，进行面试。

在你收到录取通知之后

- 你必须回复录取你的大学是否接受录取。在你做出最终选择之后需要尽快回复，最迟不得晚于5月1日，以邮戳日期为准。
- 你可能需要确认入学意愿，如果有必要，还需向一所大学交纳保证金。如果你进入了大学录取候补名单并最终被录取，你可以接受录取并交纳保证金，这时你应当立即通知之前你确定要上的那所大学。
- 如果通过提前录取方式被录取，你必须立即撤销递交到其他大学的申请，并不得提出新的申请。如果你通过提前录取方式申请大学并申请经济资助，在获得经济资助通知前不必撤销其他申请。

图书在版编目(CIP)数据

美国大学入学申请路线图/(美)卡伦·沃尔夫著；张伟平,欧阳雅琴译.—北京:商务印书馆,2017
ISBN 978-7-100-12907-7

Ⅰ.①美…　Ⅱ.①卡…②张…③欧…　Ⅲ.①高等学校—留学教育—美国—指南　Ⅳ.①G649.712.8

中国版本图书馆CIP数据核字(2017)第010167号

权利保留,侵权必究。

美国大学入学申请路线图
〔美〕卡伦·沃尔夫　著
张伟平　欧阳雅琴　译

商 务 印 书 馆 出 版
(北京王府井大街36号　邮政编码100710)
商 务 印 书 馆 发 行
北京中科印刷有限公司印刷
ISBN 978-7-100-12907-7

2017年3月第1版　　　　开本787×960　1/16
2017年3月北京第1次印刷　印张14¾
定价:38.00元